新潮文庫

君たちが知っておくべきこと

―未来のエリートとの対話―

佐藤　優著

新潮社版

11083

まえがき

本書は、4年にわたって私が温めていた企画だ。こういう企画は、外部からやってくる（本件だけでなく、重要な事柄は常に外部からやってくるのである）。

2013年の初春、新潮社の編集者から、「灘《なだ》高校の生徒たちが二十数人、佐藤さんの話を聞きたがっていますが、どうしますか」という話があった。灘高校には上京して先輩を訪問する行事があって、同校出身で社会の第一線で活躍している人たちと後輩が意見交換をする機会を設けているということだ。灘高校と言えば、日本中の秀才を集めた超難関高校だ。私は灘高校の出身ではないので（埼玉県立浦和高校を卒業した）「先輩」のカテゴリーに入らないのであるが、それでも生徒たちは私の本を何冊か読んで、その内容について、質問や意見があるという。

一般論として、作家は自分の作品に対する意見や質問に対しては、答える義務がある。もちろん、個別の面談や投書にすべて対応しているのでは、時間がいくらあっても足りない。それだから、書評、編集者との意見交換、編集部やラジオ局に寄せられる手紙、さらに大学での講義、新潮社や講談社が主催する講座や書店でのトークショーで、読者からのコメントを踏まえて、その後、発表する作品の中で、読者の声に極力答えている。

もしこの要請が、灘高校以外だったならば、「私は貴校の出身でなく、現在、執筆活動を優先させているので、せっかくの話ですが、遠慮させていただきます」と言って、新潮社を通じてていねいに断ったと思う。しかし、私はこの生徒たちと是非会ってみたいと思った。

それには個人的な理由があった。実は、私が中学、高校時代に人格を形成するにあたって、灘高出身のある人にとてもお世話になったからだ。その人は、私が中学2年生から3年生まで通っていた早慶学院（埼玉県上尾市、現在は廃業）という進学塾の数学講師だった。先生は灘高から東大理Ⅰに現役で合格し、工学部を卒業した後、大学院を修了し、工学修士号を持っていた。当時、私の周辺で大学院を修了した人はこの先生だけだった。

先生の授業は、抜群に面白かった。授業時間は90分だったが、学習塾の問題集（業者が作成した、難関高校の入試問題を集め、あたかもその塾の独自教材のような表紙をつけたもの。他の進学塾もこの問題集を用いていた）は、60分で終えて、全く別の授業をした。数論や非ユークリッド幾何学《きかがく》の手ほどきをしてくれた、この30分間に私は魅せられた。

〈当たり前のように思っているのは約束事にすぎず、平行線が交わる世界など、常識と異なる世界があるという数学の先生の話は僕の知的好奇心を刺激した。

しかし、この数学の特別授業も1カ月くらいしか続かなかった。五分刈りにした男子生徒の親が塾長に「数学の先生が変な授業をしている。受験や学校での勉強の役に立つ授業をしてほしい」と抗議の電話をしたからだ。

僕はそのことを数学の授業の時間に知った。授業の冒頭、数学の先生が「今日は皆さんと話し合いをしなくてはなりません」と言った。「何の話ですか」と生徒の一人が尋ねると、先生は、「授業の進め方について、父母から抗議が塾長にあったので、皆さんの意見を聞きたい」と言った。僕はその話を聞いて腹が立った。先生の教え方に対して文句があるならば、授業のときに先生に直接言えばよい。しかも塾長に抗議して、数学の先生に圧力をかけている。それは卑怯《ひきょう》なやり方だ。

「誰が親にチクって、塾長に電話したんだ」と僕が言った。そうすると五分刈りの生徒が、「僕だよ。この授業では浦高に合格するかどうか不安だと親に言った。ただ、僕は塾長に電話してくれなどとは頼まなかった。後で母から『塾長に電話しておいた』という話を聞かされた」

「君は卑怯だ。言いたいことがあれば、ここで先生に直接言うべきだ。親に言えば塾長に電話をするに決まっているだろう。君は告げ口屋だ」

僕が少し強い調子で言ったので、五分刈りの生徒はプッとふくれて横を向いた。

数学の先生が、「佐藤君、少し静かにして。僕はみんなが何を考えているかを聞きたいんだ」と言った。僕は特に言うべきことなどないと思っていたので、黙っていた。五分刈りの生徒が手を挙げて発言を求めた。先生は、「遠慮せずに考えていることを率直に話してください」と言った。五分刈りの生徒は、早口で話した。

「僕たちは高校受験に合格するために早慶学院に通っているんです。いくら勉強しても、浦高に合格できるかどうか不安なんです。ですから入学試験の役に立つ入試問題の演習にもっと力を入れてほしいんです。難しい幾何学の話なんかは、佐藤君しか興味をもっていません」

「どうして僕以外の人は興味をもっていないと言えるのだ。みんなの意見を聞いてみよう」と僕は言った。先生も「そうしましょう」と言った。

僕は、「受験問題演習以外の数学理論に興味がある人は手を挙げてください」と言った。

手を挙げたのは僕だけだった。

五分刈りの生徒が、「数学理論に興味がない人は手を挙げてください」と言った。

僕以外の全員が手を挙げた。

さらに五分刈りの生徒は、「授業は受験対策を中心に据えてほしいと思う人は手を挙げてください」と言った。

この質問に対しても、僕以外の全員が手を挙げた。

先生は、「わかりました。それでは今日からは、練習問題の演習だけをやります。それに加え、次回からは毎回、試験をすることにします」と言った。

塾は夜の9時過ぎに終わる。塾長が、ライトバンで僕たちを家まで送ってくれる。塾長は「数学の授業のやり方が変わるようでよかったな」と言った。僕は、「ちっともよくない」と言って、そっぽを向いた。家に着いたのは9時半頃だった〉（佐藤優『先生と私』幻冬舎文庫、２０１６年、１６０～１６３頁）

その日、数学の先生から、初めて私に電話がかかってきた。あれから42年になるが、あの晩のことは鮮明に記憶している。

〈学校の宿題が終わっていなかったので、勉強部屋で机に向かっていると、電話の鳴る音が聞こえた。母が「優君、塾の先生から電話」と言った。時計を見ると11時を回っていた。こんな時間に電話がかかってくることは珍しい。受話器を取ると数学の先生だった。

「佐藤君、今日はほんとうにありがとう。君だけが僕が何を考えているか、わかっている」

「そもそも親を通じて塾長に告げ口するのが卑怯だと思っただけです。それにリーマンなどの非ユークリッド幾何学の話は面白いです」

「面白いとともに役に立つ。学問とは人生に役立つものだということを僕は教えたいんだ」

「だから先生の授業は面白いんです」

後ろからは、人の笑い声が聞こえる。居酒屋から電話をしているようだ。そういえば数学の先生も少し酔っぱらっているような感じがする。

僕は、「先生、どこかで飲んでいるんですか」と尋ねた。

先生は、「下宿のそばの飲み屋で遅い夕食をとりながら、一杯やっている。今度、うちに遊びに来い。数学と英語だったら勉強を見てあげる」と言った〉(前掲書、163〜164頁)

それから、私はこの先生の下宿に出入りし、数学、英語にとどまらず、経済学、哲学、社会学やドイツ語の手解《てほど》きもしてもらった。この先生から、「ドイツ語を勉強するには中途半端《はんぱ》な知識をつけてもだめだ」と言われ、相良守峯《さがらもりお》監修『大学ドイツ語講座』（郁文堂出版、第1巻1954年、第2巻1955年）をもらった。先生は、「大学1年でこの2冊を徹底的にマスターしておくと役に立つ。その後は、文科系、理科系に教科書が分かれるので、自分の専門分野の教科書を徹底的に勉強することだ」と言った。この2冊の教科書は、同志社大学神学部に入ってから役に立った。

先生は、西日暮里の東口駅前にある小さなコンサルタント会社に勤務していた。いつもドイツ語か英語の書類を読んでいた。日本のメーカーや商社に、英語やドイツ語で書かれた説明書を翻訳し、事業として成り立つ可能性があるかについて助言をするのが主な仕事だと言っていた。

あるとき、「先生は、大学院まで出ているのに、何で大学の先生にならなかったのですか」と尋ねると、「僕には向いていない。そもそも知識は無償で伝達されるべきものだと思う。大学でも学習塾でも、カネをとって勉強を教えるというスタイルが僕には馴染《なじ》まない。もっともあまり世間と摩擦を起こしているわけにはいかないので、温和《おとな》しくしている」と答えた。

後にやはり私が尊敬する学習塾の国語の先生から、数学の先生は東大全共闘の活動家で、大学紛争が鎮静化した後も、筋を曲げずに生きている一人だという話を聞いた。

もっとも数学の先生自身は、マルクス主義や全共闘運動の話を私にすることはなかった。竹の塚にあった先生の下宿の本棚に、新潮社版の『マルクス・エンゲルス選集』(全16巻)が揃《そろ》っていたので、私が第1巻の『ヘーゲル批判』を手にとって読んでいると、先生は「マルクスやエンゲルスの著作は新潮社版の選集で読むといい。編集方針も翻訳も優れている。共産党系の書店から出ているものは、党の方針で、訳語が変えられたりする。また、翻訳も稚拙だ」と言っていた。後に新潮社版『マルクス・エンゲルス選集』は私の座右の書になったが、今になって振り返ると、あのときの先生の一言が、私の記憶に刷り込まれたのかもしれない。

先生は、東京大学時代の思い出については、あまり話さなかった。私の印象に残っているのは、「つまらないやつが大学院に進学するのを阻止するために、あえて大学院に行った」という話だけだった。

これに対して、灘中と灘高の6年間の話は、いつもとても楽しそうにしていた。印象に残ったことを箇条書きにしておく。

●灘高の教師たちは、ユニークな人が多く、教科書を使わないで、大学レベルに踏み込んだ内容の講義をすることがある。高校時代には気付かなかったが、大学に入ってから優れた教師たちに恵まれていたことを認識した。

●灘中生、灘高生は、馬糞帽《ばふんぼう》（馬糞色、すなわちカーキ色の学生帽）を被《かぶ》る。最初、それが嫌で、帽子をわざと泥で汚したり、フライパンで焼いたりするが、そのうち、この帽子に対して何とも言えない愛着が湧《わ》いてくる。灘という学校に対しても、最初は、難関校に入ったことを鼻にかけているが、そのうち、よくできる生徒たちといつも切磋琢磨《せっさたくま》していないといけない環境に嫌気がさす。が、再度、学校に対する何とも言えない愛着が生まれる。

●教師たちは、勉強や大学入試については、細かい指導をしない。生徒たちが、大学入試で頭がいっぱいになっていることをよくわかっているからだ。受験を乗り越えた後の大学生活、さらには社会人生活に目を向けるように教師たちは、さりげなく生徒を指導している。このありがたさは、社会人になってからわかる。

●クラスメートに「こいつには絶対にかなわない」という凄《すご》いやつがいる。そういう人との出会いが若いうちにあると、努力すれば何とかなるという幻想から抜け出すことができる。

今回、灘高の生徒たちと会ってみて、あのとき数学の先生から言われた校風は、現在も生きているのだと思った。いわゆる超エリート高校の生徒というと、受験勉強以外のことは何もしていないという間違ったイメージで見られることが多い。灘高の生徒たちと話していて感じたのは、この少年たちは、受験勉強のような技術的な事柄は、短時間かつ効率的にこなした上で、自ら知性と人間力を伸ばす内在的な力を持っていることだ。東大進学者数の推移に一喜一憂するような「受験刑務所」型の高校とは、質的にまったく異なる。他人の気持ちになって考えることができ、自らの知的好奇心に基づいて、大学、場合によっては大学院レベルの学術的な専門事項についても消化することができる傑出した人間を形成するところに灘の教育の本質があるのだと思った。

２０１６年4月25日　曙橋（東京都新宿区）にて

佐藤　優

▽目次

君たちが知っておくべきこと

未来のエリートとの対話

真のエリートになるために

2013年4月1日

日本のエリートは後進国型

佐藤　ようこそいらっしゃいました。まず始めに、皆さんの方から知りたいテーマがあれば言ってください。なるべくそこを押さえながら話をしたいと思います。あるいは直接触れはしないかもしれないけれど、なんらかのヒントになることを話すつもりです。

生徒　佐藤さんの本を何冊か読ませて頂いて、すごく興味を持ったのが、今、世界が帝国主義化しているということでした。そんな帝国主義化が進んでいく世界で、僕たちは大学でどんなことを学んでいけばいいのか、どういう知識や能力を獲得していけばいいのだろうかということをお聞きしたいです。

佐藤　はい。ほかには？

生徒　大学のリベラルアーツ（教養）について教えていただけたらと思います。佐藤さんがご本の中で「鳩山《はとやま》総理は複雑系を理解している」*と書いていらしたんですが、そのあたりの勉強もリベラルアーツなのかな、と。

佐藤　大学のリベラルアーツ、複雑系ね。あとは？

生徒　やはりご本に書かれていた、民主制を突き詰めたら独裁制になるというお話、それに関連して衆愚制《しゅうぐせい》についても伺《うかが》いたいです。
佐藤　ＯＫ。じゃ、ほかに政治関連の質問や疑問を持ってる人いる？　とりあえずいいかな？　じゃあ、始めましょう。
生徒一同　よろしくお願いします。
佐藤　最初に、これはおべんちゃらで言うわけではないのだけれども、皆さんは日本のエリートの予備軍なんです。そこのところ、ちゃんと誇りを持ってほしいと思う。日本でエリートというと、なんだかイヤなイメージで使われがちなんだけど、エリートというのは、どこの国、どこの社会にもいる。これはあたりまえの話です。
　そしてエリートは独自のノブレス・オブリージュ（高貴さは義務を強制する）、つまり社会の指導層として果たすべき特別の義務を持つ。その精神は皆さんぐらいの年頃から形成していかないといけない。
　でもね、日本のエリートはいわゆる昔ながらの「平均的エリート」の型に収まって

複雑系　生物の進化や人間の脳、気象、経済活動、芸術運動など、複雑な要素が複数からみあい、単純な法則ではとらえきれない振る舞いをするシステムのこと。一九八〇～九〇年代から研究対象として幅広く注目されるようになった概念。

しまいがちなんだ。いい意味でも悪い意味でもね。君たちのように向学心旺盛《おうせい》なエリート予備軍がいるんだから、本来は世界に影響を与えるような仕事をする官僚や政治家がもっとたくさん出てきてもいいはずだ。ところが、田舎の秀才タイプで満足してしまう人が多い。

生徒　それは、コツコツやっていくタイプということですか。

佐藤　というより、簡単に言えば記憶力がよく、それを再現する能力に長《た》けているやつってこと。

竹中平蔵《たけなかへいぞう》さんという一橋大学を出た経済学者がいるでしょ。小泉内閣で金融・経済財政政策担当の大臣をやった人。彼については経済学者というよりも、むしろ政治家だという人もいる。新自由主義者*だという人もいる。本人は行動経済学者と言っています。私自身は、彼を知識人としてのイタズラ心を持った面白い人だと思う。それは、彼の経済学説に関するものを読んでみるとよく分かる。

僕が経済学に関してベースにしているのはマルクス経済学*だから、マルクス経済学に関する発言や記述を見れば、その人がどの程度、正確に理解しているか、あるいはテキストを読み込んでいるかということは分かるんです。竹中さんは、きちんと読んだ上で書いていています。きちんと読んだり分ったりしないで平気で発言する人は、みなさんが思うよりずっと多いんですよ。

竹中さんとは『国が亡びるということ――本当のことを語っているのは誰か』という本で対談したんだけど、「佐藤さん、今の日本のエリート層の最大の問題っていうのは、後進国型のエリートを作っていることだと思うんです」と彼は言っていました。そのポイントは、「とにかく早く先進国に追いつきたい。そのためには、どこからでもいいから、記憶力のいい子どもたちを集めてこい。そして、理解しなくてもいいから、とにかく記憶してそれを復元する力を付ければいい。そんな考え方で、税務署長や外交官を促成栽培しちゃう。こういう形でエリートを作ってきたんだけども、もはや、それでは対応できなくなってきている」と。

新自由主義者　国営企業の民営化、公共事業の縮小、規制緩和などによって国家の負担と経済に対する関与を抑え、自由な経済活動を促進しようとする立場の人々。国家の責任を放棄し、弱肉強食を奨励する者の意で使う向きもある。

マルクス経済学　ドイツの経済学者カール・ハインリヒ・マルクス（一八一八―八三）が資本主義の仕組みを分析した著書『資本論』に則《のっと》った経済学派。

竹中さんの言うとおり、旧来型の日本のエリート像には限界が来ている。君たちもそのことに薄々気づいているんじゃないかな。それで、その試行錯誤のプロセスとして、外務省をドロップアウトした逮捕歴のある私のところなんかにわざわざ訪ねてきたんじゃないかと、こう思っているんです。

私はどんな高校生だったか

佐藤　私自身はどんな高校生だったか。自己紹介も含めて話しましょう。

高校は埼玉県立浦和高校っていうところだった。これはもう典型的な田舎の秀才を集める学校。男子校です。

当時の埼玉県は東京都と同様に学区制が敷かれていましたが、隣接学区まで受けられた。といっても県全体で八学区くらいしかないから、実際に受けられないのは通学に三時間かかる秩父の学校くらいで、あとは偏差値一番の学校からビリの学校まで全県受けられた。

その中で浦和高校というのは、当時は偏差値は一番高かった。一言でいうと、成績だけいい生徒が来る学校だよね。内申点は最低でも全科目平均四・六七。浦高を受験するような生徒には各中学で調整して高めに出してくるから、内申点では差がつかない。ということは試験の点数で差をつけるしかない。

試験は当時、四〇点満点×五科目で二〇〇点満点でしたが、県の入試だから問題が簡単なんだ。トータルで一八〇点を割り込むと合格は危ないと言われていて、ちょっとしたミスが命取りになる。だから、簡単な問題を絶対間違わないで確実に処理できる人ばかり入学してくる――そんな感じの学校なの。そこへ私は入った。

高校に入学すると、数学とか英語で、急に覚えなきゃいけないことがたくさん出てくるよね。私はそういう記憶力勝負みたいなことが、すごくイヤだった。そんなことよりもっと別の世界を見てみたいと思った。

同級生にはアメリカに留学する生徒がいたり、そこまで行かなくても少しお金がある家の子だったら英語圏に語学研修に行くのだけど、他の生徒と同じことはしたくなかった。そういうわけで、全然違うところ、ソビエトと東ヨーロッパに行ってみたいと思ったんです。たまたま中学の時から英語の勉強のために、ハンガリーのペンフレンドと文通をしてたから、彼にも会いに行こうと思い立った。

それで、当時の担任の高橋昇先生（生物担当）に相談したら、その先生が校長先生を説得してくれて、一人で夏休みいっぱいかけてソ連と東ヨーロッパを回ってきたんです。高校一年、一九七五年のことです。

受験失敗、そして神学の世界へ

佐藤　旅をしてみて驚いたのは、日本では言論の自由が封じられて何も言えないと思われていた国々が、意外と自由で豊かだったってこと。もう全然イメージが違った。人々はみんな優しいし、政治や経済について一所懸命語り合っている。平気で異性とキスしてたり、デートしてたり、セックスに関しても自由な雰囲気で、高校生の私にとってそのソ連・東欧体験は大きなショックだった。

日本に帰った私は、文学や哲学に関心を持ち始めた。それまでは応援団の活動をやっていたんだけども、新聞部や文芸部へ入って、そっちの活動に熱中し出した。先生からは「お前、少しは受験勉強もやれよ」と言われた。しかし、「受験勉強は記憶力があれば挽回《ばんかい》できるから大丈夫」と思っていました。それで、高三のとき東大の文Ⅱを受けた。でも、この時にもう大ショックを受けるわけ。

当時は共通一次試験（センター試験の前身）が導入される前で、東大は一次試験、二次試験とあった。私は一次は確実に突破できるから、二次が本当の勝負だと考えていた。なのに一次試験で落ちたんだ。浪人生になってからは一所懸命勉強しようと予備校の寮に住み込んだけども、体が受験勉強についていけない。今になって振り返ると、この受験勉強に対する認識の甘さは、大変な失敗だったと思う。

そのうち、自分が持っている学力の範囲でやりたいことをやればいいと考えて、私は同志社大学の神学部に進学しました。手の届く範囲で大学を選んだという意味では受験勉強から逃げたとも言えるけど、同志社に進んだことは、全然負け惜しみじゃなくて本当に良かったと思っている。というのは、そこにいた神学部の先生たちがとても優れていたから。

戦前の日本で、キリスト教徒であり神学を学ぶということは非国民と同じ扱いをされた。その中で先生たちの世代は、みんな相当の事情と熱意を持って神学部に来て勉強をしていたわけ。そして戦後は、アメリカやドイツに渡って博士号を取得した。日本の文科系の学者が博士号を取るようになったのって、ここ二〇年ほどの話なんですよ。ほぼ四〇年前の当時、東大文学部の教授でも博士号を持っている人は少なかったし、教授が博士号を持っていなければ、当然弟子たちも取らないでしょ。

そういう時代の中で、きちんと世界基準の学問を修め、博士号を取った同志社大学神学部の先生たちから、私は非常に厳しく教育的な訓練を受けた。大学時代に尊敬できるような教師に出会うというのは、人生ですごく重要なことですよ。その点、私は非常に恵まれていた。

神学部で学ぶうち、やがて私はチェコの*ヨゼフ・ルクル・フロマートカという神学者に魅了されて、この人の研究にのめり込んだ。当然、チェコに留学したいと思った。でも当時のチェコは共産主義体制だからそう簡単に行けないし、留学生試験を受けようにも、そもそも神学というカテゴリーがない。

それで考えたのが、外務省の専門職員になること。この試験に受かってチェコ語研修生になれば、ひと月に三〇万円ぐらい給料をもらいながら、チェコ語の研修を受け、プラハのカレル大学に留学することもできる。これなら、ほとんどお金のかからない形で実質的に留学ができると思った。

ところが、外務省の試験には受かったけれども目論見がはずれて、チェコ語じゃなくロシア語の研修を命じられた。しまったと思って青ざめたけど、もう遅い。大学院に戻ろうにも試験は終わっていたし、私には外務省に行くしか道は残されていなかった。気を取り直してロシア語を猛勉強し、ソ連に関係する仕事をして、モスクワ大使館にいた時代にソ連崩壊を目《ま》の当たりにすることにもなった。

その後、日本に戻ってきて二〇〇二年、いわゆる*鈴木《すずき》宗男《むねお》事件において背任と偽計業務妨害で逮捕・収監され刑事被告人となり、二〇〇九年、有罪が確定して外務省を退職。作家となって今に至ります。

「受験勉強は役に立たない」はウソ

佐藤　これは私自身が受験勉強をおろそかにした反省も込めて言っておくけど、「受験勉強なんか将来役に立たない」ってよく言うでしょ？　それ、ウソだからね。

受験勉強は非常に役に立つ。ただしそのためには、大学に入ったあとに、受験勉強でただ頭に詰め込んで記憶した物事をきちんと見つめ直して、なぜ、どんなカラクリでその答えにたどり着くのかというプロセスを丁寧に理解しておく必要があります。

私は鈴木宗男事件に巻き込まれて檻《おり》から出てきたあと、早稲田大学と慶応大学で講義の「お手伝い」をしていたことがあります。学校教育法という法律に、「禁錮《きんこ》刑《けい》以

ヨゼフ・ルクル・フロマートカ　プロテスタント神学者（一八八九―一九六九）。ナチスから逃れるためアメリカに亡命。祖国チェコのナチス抵抗運動を国外から支援。戦後、共産主義化したチェコにあえて帰国し、マルクス主義者との対話を通じた民主化の道を模索した。

鈴木宗男事件　鈴木宗男衆議院議員（当時）が北方四島支援事業で特定業者に便宜を図ったとされる「ムネオハウス事件」など、同議員にまつわる一連の「政治とカネ」を巡る疑惑のこと。鈴木氏は後に受託収賄《しゅうわい》・あっせん収賄・政治資金規正法違反・議院証言法違反で実刑が確定した。

上の刑が確定している人は、執行猶予《ゆうよ》が明けるまで大学長ならびに教員を勤めることはできない」という定めがあって教員にはなれない。だから裁判の決着がつくまでは「お手伝い」という形で教えていました。

その講義で使用したテストなんだけれど、皆さん、山川出版社の『詳説世界史B』って知ってるでしょ。受験用の世界史教科書として、よく進学校で使われているものだよね。あの中で太字表記されている歴史的事象の年号を答えさせる問題を、学生たちに一〇〇題出した。

たとえば真珠湾奇襲、広島への原爆投下、ソ連崩壊、二・二六事件、五・一五事件、ウェストファリア条約、こういうやつ。早稲田と慶応の学生、平均点はどれぐらいだったと思う？　対象は早稲田が政経学部の三年生。慶応は総合政策学部の大学院生。

結論から言うと、早稲田が五・〇点。慶応が四・二点だった。

生徒一同　ええーっ⁉

佐藤　早稲田の方が微妙に点数が高いのは、慶応は大学院生が対象で、受験から経《た》った年月がより長いからだろうね（一同笑）。もう恐ろしい答案が山ほど出てきた。広島への原爆投下は一九八五年だとか、二・二六事件は一九六〇年だとか。皆さん、今は笑って「ウソでしょ」と思っているかもしれないけども、大学の三、四年生になったときに同じテストを受けたら、間違いなくこうなるはずだよ。

受験勉強はなぜ重要か

佐藤　それで、私は学生たちにこう言った。「皆さん、どうして早稲田の政経学部に来たんですか」と。

「率直に言えば、数学にもう少し自信があれば、東大に行きたいと思っていた。でも、早稲田は三科目で受けられるし、相当難しい大学だ。その早稲田の中でも一番難しいとされる政経に行けば親の期待に応《こた》えられる。クラスメートにデカい顔ができる。先生にも評価される。だいたいそんなところで決めたんじゃないですか。

皆さんが、なんでこのテストを受けて悲惨な結果になるのか、私には説明できる。まず第一に、皆さんは受験勉強が嫌いだったでしょ。模試でいい成績を取れれば、それなりに愉快だったけども、受験勉強自体はずっと嫌いだったでしょ」

そう言ったら、みんな認めるんです。それは私もよく分かる。受験勉強を好きな人なんかいない。そこで評価されることに意義を認めていただけなんです。

それで「第二に、受験勉強には意味がないと思っているでしょ。意味がなくて嫌いなことは、人間は長期間記憶することができないんですよ」と。みんな非常に納得していた。だから、ここで皆さん、認識を改めないといけないのは、受験勉強には意味がある、ということですよ。

私はロシア、チェコ、イギリスから中学、高校の教科書を取り寄せて日本のものと比べてみました。数学に関しては、私が高校生だった頃、数Ⅰ、数ⅡB、数Ⅲという流れだった頃のほうが今よりしっかりしていたと思う。ただ、社会科に関しては、日本の教科書は年々恐ろしく難しくなっている。今や大学院と高校が変わらないような、きわめて高いレベルにある。だから、いずれにせよ、社会科に関しては高校レベルの内容をきちんと消化できるようになれば大丈夫。これはよくやっといたほうがいい。

事実、私が教えていた早稲田、慶応の学生たちから今でも手紙やメールが来ます。「あのとき言われたことが非常に役に立ったので、もう一度、高校の学習参考書を買い直して勉強しました。そうしたら不思議なもので、ずっと忘れないものですね」と。

私は今年で五三歳になります。その私が、これは決してハッタリではなく、自由な時間を二年与えられれば、東京大学の理Ⅲ、慶応大学の医学部、東京芸術大学、それから日本体育大学の四つを除いては、入試で合格点を取る自信がある。

生徒一同　おおーっ（笑）。

佐藤　今、挙げた四つのうち、東京大学の理Ⅲと慶応大学の医学部に関しては、やはり特別な記憶力と反射神経の良さにおいて才能が必要とされると思う。東京芸術大学と日本体育大学は、特殊な才能を必要とされることに関して皆さんにも疑いの余地はないよね。

でも、それ以外の大学の試験は、基本的に国家公務員試験や司法試験と同じ能力と適性を測る試験なんだ。つまり、いかに合理的に勉強して知識を正確に定着させ、それを基《もと》にちょっとした運用をできるようにするか。これが基本になっている。

だから、皆さんが大学の試験に合格したあとも、同じペースで勉強を続けていれば国家公務員総合職試験にも合格するし、公認会計士試験、司法試験、こうした試験には合格するよ。その意味でも受験勉強において、ダラダラ長時間やるんじゃなく、正確に覚えてその結果を出せるよう訓練を積むことは、すごく重要なんです。

恐ろしくレベルが低い日本の大学院

佐藤　ついでに言うと、今、日本の大学院は恐ろしくレベルが低い。平均すれば、大学より学力ははるかに低いからね。東京大学の大学入試と大学院入試を比較したら、圧倒的に大学入試のほうが難しい。大学から大学院に進んで知識を積み重ねていくという当り前の構造が、日本では完全に壊れてしまっている。

そうすると東大卒や京大卒の学歴が欲しいけれど、全然そのレベルに達していない大学の学生たちが、東大や京大の大学院に入って最終学歴を塗り替える「学歴ロンダリング」が発生する。大学としてもそれが良いこととは思っていないけれど、文科省の手前、一定の定員を埋めないといけないから、院生として入学を許可しちゃうんだよね。

もちろん大学の教職には、そんな人は採用されないよ。でも、そういうロンダリング組がいるから大学院の空気は今ものすごく澱《よど》んでいる。

だから東京大学法学部では、優秀な学生を大学院の澱んだ空気に触れさせないよう、大学を卒業した時点ですぐに助手で採用しちゃう。あるいは、すぐに採用できないような場合には、とりあえず自分のところで修士だけは取らせて、すぐに外国に出して博士号は外国で取らせる。もしくは国家公務員になって、実務を少しやって留学したあと、脇《わき》から大学に戻るケースもある。

日本がそんな状況なので、皆さんのうち、理科系に進んで研究職を目指す人はまず九割、文科系に進む人でも五割は必ず海外留学すると思う。さらにそのうちの九割以上がアメリカの大学院に行くことになるでしょう。その意味でも国際的な視野を持たないといけない。

ただ、知っておいてほしいのはアメリカにおける学問には相当欠けているものがある。

アメリカとヨーロッパ、その教養の差

佐藤　皆さんの中でハーバードに留学する人も出てくるでしょう。その場合、ラテン語は少しやるかもしれないけど、ギリシャ語はまったくやらないと思う。私はアメリカのCIA（中央情報局）や国務省の人間と何人も会ったけど、ギリシャ語が読める人は見たことがない。ところがヨーロッパの外交官や知識人でギリシャ語が読めない人はまずいない。

この辺のアメリカ的な教養とヨーロッパ的な教養の違いっていうのは、実はすごく大きい。一級の国際的な教養を身に着けようと思う場合には、これはやはりヨーロッパであり、ギリシャの流れを汲《く》む学問に触れる必要がある。また、ヨーロッパから日本に入ったものの中で学術的に優れたものもあるから、その辺りにも目配りをしておかないとならない。

皆さんが問題意識をもって大学における教養、いわゆるリベラルアーツについて勉強するのは大いに結構。きっと修められると思う。

ただ、全部学べばいいってわけじゃない。リベラルアーツはそもそも、中世の大学で自由人として生きるために必要だとして教えられていた自由七科——文法、修辞学、弁証論、算術、天文学、幾何学、音楽学にルーツを持つわけだけど、その中で非常に大きいウエイトを占めるのは歴史的に言うと音楽学なんだ。と言って、音楽にどこまでウエイトを置くかってことになると、これは大変でしょ。だから、まずは今、高校で教わっていることに穴がないようにしてほしい。

でも、率直に言うと、高校の科目全部に関して完璧《かんぺき》にできる人は、みんなの中で一人もいないと思う。というのは、それぐらい今、日本の高校の科目っていうのは、覚えないといけないことが多すぎる。そうすると大学に入ったあとでも、高校で学んできた科目のどこかしらに穴がある状態になる。

例えば文科系に進んだ人が高校の数Ⅲまでをやったとしたって、偏微分《へんびぶん》と重積分はやらないままだよね。そうすると、のちに金融工学を学んだりするとき、偏微分を知らないことが必ず障害になる。そうした穴の補塡《ほてん》は、自分で意識的にやらないといけない。

一方、理科系に進んだ場合には、歴史に関する知識に穴が空きがちで、これがやっぱり後になって響いてくることが多い。

あるいは工学を専攻した人の場合だと、技術的な計算はけっこう一所懸命勉強するんだけども、*クルト・ゲーデルってどんな人だったかとか、無限ってどういう考え方かとか、そんなことに問題意識を持たないまま、専門家としてコンピューターの開発なんかに携わっている人が多いんです。自分のどこに穴があるのかを意識して、そこを埋めていくことは非常に重要です。

鳩山元首相の「マルコフ連鎖」

佐藤　鳩山さんのことを質問した人がいたけど、彼は修士を二つ取って、博士論文もスタンフォード大できちんと書いています。マルコフ連鎖というものをベースにした決定理論、つまり「決断」の専門家で、学者としては一流の人なんですよ。

マルコフ連鎖とは、一九世紀終わりから二〇世紀初頭にかけてロシアで非常に影響力を持っていた数学者のアンドレイ・マルコフの理論です。彼はプーシキンの『エフゲニー・オネーギン』という韻文《いんぶん》小説から、韻文の子音《しいん》と母音《ぼいん》の並びにヒントを得て、

クルト・ゲーデル　数学者、論理学者（一九〇六―七八）。不完全性定理の証明により数学基礎論に大きな影響を与えた。

ある事象が起こるとき、それよりもずっと前に起きたことは関係なくて、むしろ直近に起きたことのみが影響を与える。極端に言うと、直近に起きたことだけで判断して決断すると一番いい結果が出るという理論を確立した。これがマルコフ連鎖理論。

マルコフ連鎖は、さまざまな分野に応用されています。直近の出来事が影響を及ぼすということで天気予報や交通渋滞解消に活《い》かされているし、中でも一番注目を浴びたのは、イギリスが第二次世界大戦でこの理論を利用し、勝利したことでした。

イギリスはナチス・ドイツとの戦いにおいて、物量面でも技術面でも勝てる見込みはまったくなかった。そこでイギリスは数学者を集めて、半分は暗号解読班に、半分はマルコフ連鎖理論を使ってシステムリフォームを考える班に分けた。ちなみにこのとき暗号解読班にいたのが、のちにコンピューターの原理を作ったアラン・チューリングだよね。

システムリフォーム班はマルコフ連鎖を使って樹形図を作り、イギリス軍の弱いところと強いところを書き出していった。それで弱いところは切り捨て、強いところを伸ばすシステムを考えた結果、具体的に出てきたのがイギリス空軍のモスキートという爆撃機だった。

これはドイツの海上封鎖によって鉄鉱石もアルミニウムも輸入できなくなることを

予想して機体を木材で作ったという異色の爆撃機です。でも作ってみたら思わぬ利点が出てきた。木材だからレーダーに引っかかりにくい。この飛行機で深夜にドイツ上空に飛んで行って適当に爆弾を落とし、ドイツ人に、いつ自分のところに爆弾が落ちてくるかわからないという恐怖心を植え付けることで戦況を変えていった。これがイギリスの勝利に大きく貢献したんだ。

決断の専門家が見えなかったこと

佐藤　話を戻すと、鳩山さんの意思決定理論の論文って、けっこう面白いんだよ。一〇〇〇人と面接して理想のパートナーを見つける場合、どうやって選んだらいいのかという研究。一回断ったらその人を選ぶことは二度とできないという制約条件がある。彼はマルコフ連鎖をもとに計算して、三六八番目までは全員断って、それ以後で三六八番目までと比べて少しでもいい人が来たら、その人に決める。そうした場合に確率的に最もいいパートナーを選ぶことができるという結論を導き出しているんです。

じゃあその決断の専門家である鳩山さんが、なぜ沖縄問題やそのほかの問題で失敗したのか？

彼自身が二〇〇五年に講演で言っていたことだけど、日本の政治には腹芸だとか根回しが多すぎる。そうした非合理的なプロセスや要素を排して、新しい合理的な政治を作るために自分は政治家になったのだと。

つまり、その政権の最終目標を〈目的関数〉として定める。その上で、何が可能で何が不可能なのかといった〈制約条件〉をはっきりさせる。そうすれば、取るべき道は決まる、合理的な政治ができる。鳩山さんは自分の得意分野を政治に応用しようとしたわけ。

でも彼が考えている〈制約条件〉は今生きている人間たちが作るものでしょう。これは当然、日々刻々と変わるんですよ。まさに人間自体が複雑系なわけだけれど、鳩山さんの考える複雑系はあくまで関数体の中にある複雑系なんだよね。その外側に見えない世界があるんだという感覚を彼は持っていなかったし、今も持っていないと思う。

生徒　「見えない世界」とはどういうことですか？

佐藤　ひと昔前の言葉で言うと、先験的、超越的な感覚ということだよね。論理の外にそうした感覚の世界があることをつかんでおくことは、リーダーには意外と大事なんです。

皆さんはエリートだ。エリートの条件の一つは、A＝B、B＝CだったらA＝Cであると物事を論理的に考えられることだ。ところが、物事を論理的に考えるということに価値が置かれるようになったのは、比較的最近なんだよね。中世までは、理性や理屈によって物事が分かる、というのはレベルが低いことだと思われた。じゃあ、レベルが高いとは？　パッと見た瞬間に事柄の本質が分かるということ。

インプレッションとかエクスプレスという言葉があるでしょ。ここに含まれる「プレス」つまり「印字する」がポイントになるんです。昔は目に見えない〈事柄の本質〉が空中を飛んでいて、それがペタッとわれわれにくっつくと理解ができる、認識が可能になる、と考えられていた。

この辺に関して興味のある人は、東京大学の哲学の先生でありマルクス主義哲学者であった廣松渉《ひろまつわたる》さんの『新哲学入門』、それから『哲学入門一歩前―モノからコトへ』を読むといい。近代的な認識と、それ以前の違いについて比較的分かりやすく説明しています。

民主制の起源

佐藤　じゃあ、〈民主制〉とは何かについて話してみましょうか。まず最初に押さえておかないといけないのは、現代につながるような政治はどこで始まったか？

生徒　古代ギリシャです。
佐藤　ギリシャの都市国家はなんて言う？
生徒　ポリス。
佐藤　そう。ポリスは〈法〉で動くんです。法はギリシャ語でノモスと言います。ポリスではノモスがゲームのルールとして適用され、民主制になった。議論を行って、投票も行われた。古代ギリシャの投票は何て言う？
生徒　陶片追放《とうへんついほう》。
佐藤　そのとおり。だから選挙っていうのはもともと、いい人を選ぶのではなく、イヤな人を排除するためにやることなんだ。それはノモスに従って行われていた。それで陶片追放の主体は誰？　女性は入る？
生徒　入りません。
佐藤　入らなかったよね。自由民の男が主体だった。これがポリスだ。
一方で、生活がある領域、これをオイコスと呼びます。直訳すると〈家〉という意味だけど、〈自分たちが居住する世界〉といったニュアンスです。ちなみにオイコノミアだと家政、ひいては経済を意味する。エコノミーの語源です。
さて、都市国家＝ポリスの主体は自由民の男だけだけど、生活の場＝オイコスには女も奴隷《どれい》もいる。ところが、そこに法＝ノモスは適用されないんです。では何が適用されたか？　これは中学校、高校の教科書には出ていないこと。ビア（bia）という概念なんです。これは暴力のことなんだ。つまり家長は、女性をぶん殴っても構わないし、奴隷をぶっ殺しても構わないとされていたわけ。ということは、家庭の領域、経済の領域は暴力で支配される。それに対して国家の領域、政治の領域は法で統治する。すなわち、経済の領域と政治の領域は二分されて、適用される原理も違った。

そうなると現代でもＤＶ（ドメスティック・バイオレンス）が問題になっているけれど、家庭にはもともと暴力が埋め込まれていると言うことができるんだね。ヨーロッパでも、それは埋め込まれているわけだ。そこからどうやって脱構築していかないといけないかということは、やっぱり人類の歴史の中で非常に重要なことです。

後進国だからできたドイツの知的革命

佐藤　教養というものが、あるいは学問というものが、どこから来ているのかと言ったら、すごく荒っぽい言い方をすればヨーロッパです。さらに遡《さかのぼ》ったらギリシャだ。ギリシャだということは、イコール、ドイツだと言っていい。なぜか？

ヨーロッパ的な学問というのはごく大雑把に言って、ユダヤ・キリスト教の一神教の伝統と、ギリシャの古典哲学の伝統とローマ教皇の伝統、その三つが合わさってできたものです。

そして、それが世俗化していくプロセスで、中世期に〈大学〉が登場した。誕生の時点から神学と学問は分ちがたく結びついているから、今でもドイツでは神学部がないと総合大学とは言わないよね。

ところが啓蒙《けいもう》の時代になって、大学のレベルがすごく落ちてしまった。そこで大学の代わりに出てくるのがアカデミーです。アカデミーとは何かと言ったら、神学に代表される合理性に反する中世的な教養を捨て、自然科学のような実用的で新しい教養に重点を置いた教育機関のことです。

そしてドイツでは、一八世紀の終わりから一九世紀にかけて大学が刷新されて、アカデミーでやるような自然科学的なことを大学に取り入れていこうとする動きが起きた。そこで鍵《かぎ》を握る人物が、ライプニッツだった。ライプニッツは何を始めた人？ 数学の歴史をひもとくと、ニュートンとライプニッツの間で論争があるでしょ。

生徒　積分でしたっけ？

佐藤　積分はもう少し後。微分法です。微分法をニュートンが見つけたのか、それともライプニッツが発見したのかという論争がありました。今使われている微分の標準的な表記のしかた、dy/dx はライプニッツの発明です。

ライプニッツはドイツ人ですが、ドイツ語とフランス語とラテン語を自由に操り、プロテスタントとカトリックを合同しようとし、一方で中国研究を始め、さらにコンピューターの発明なんかに繋《つな》がっていくような普遍言語というのも作ろうとした。バロックの天才と言われている人です。

彼の業績の中でも特に重要なのがモナドロジーという考え方です。日本では単子論と訳されています。モナド（単子）は、神様しか作ることができず、神様しか消すことができない。一つ一つ完結して存在している。巨大なモナドもあれば、極小のモナドもある。モナドには互いに出入りできるような窓や扉がない。だからモナドが他のモナドを見ることで自分の姿を想像する。

最初に〈帝国主義の時代〉という話が出たけど、この状況は実はライプニッツが唱えたモナドロジーのモデルに近いんだよね。つまり、一つの国が大きくなっていく形の帝国主義ではなくて、大きくなったり小さくなったりする広域の帝国主義圏を築いているのが今の帝国主義なんです。これは、ある程度文化と結び付いている。だから、EUも本質的には一つの帝国主義圏ですよ。ロシアのユーラシア同盟もそう。そして今*ＴＰＰ（環太平洋パートナーシップ協定）が話題になっているでしょ。自由貿易に必要だと。でも、これは社会経済学者の松原隆一郎《まつばらりゅういちろう》さんの意見で、私もその考えに完全に賛成なんだけど、ＴＰＰはむしろブロック経済ですよ。要するに自由な領域を地球の中のどこかの一部に作るということは、内側と外側を分けていくことだから、あれはむしろブロック経済の発想なんです。

　歴史上、こういう形の関税同盟を作っていこうとした人は誰ですか？　ヒントはアダム・スミスよりも後で、マルクスよりも前。ドイツの国民経済学者の代表、*フリードリッヒ・リストだよね。フリードリッヒ・リストは、おそらく世界史の教科書にも、それから倫理の教科書にも出ていると思うからチェックしてみて。

　話を戻しましょうね。では、ドイツ人はなんでこういう哲学の感覚とか、思想の感覚を持てたのか？

　ライプニッツは大学者でした。だから学問の通俗化を考えることなく、哲学用語やラテン語をそのまま使っていた。しかし、その頃のドイツは知的には後進国で、ラテン語ができる人が少なかったので、そういう人たちのために、ライプニッツの弟子のヴォルフという人が、哲学用語やラテン語をドイツ語に、つまりドイツで日常的に使われている言葉に訳していったわけ。

日本語で説明し出すと面倒くさい「悟性《ごせい》」「理性」「世界観」「世界像」なんて用語は全部、ドイツでは一八世紀、一九世紀の日常語なんです。ドイツは後進国であったがゆえに、日常語で哲学的思考を展開できるようになった。その優位性というのが、一九世紀の真ん中で花開いたわけです。二一世紀になると、もう完全にアメリカが思想的な世界でも優位になったけれども、ライプニッツ／ヴォルフの遺産がつい最近までドイツ語圏には残っていた。いや、今も残っています。

だから皆さん、書けなくてもいい、話せなくてもいいけれど、物事を考える根源と

TPP　Trans-Pacific Partnership。アジア太平洋地域内の経済自由化を目指す包括協定。当初日本を含む一二カ国が署名していたが、二〇一七年に米国が離脱。対象は食品や金融、保険、医療、製造業など多分野にわたり、日本では米・麦・乳製品など重要五項目の関税撤廃による農家・酪農家の経営圧迫や国民皆保険制度の撤廃の可能性が問題視されている。二〇一八年に一一カ国で発効した。

フリードリッヒ・リスト　経済学者（一七八九―一八四六）。『経済学の国民的体系』で自由主義を掲げるイギリスの普遍主義的な世界支配に対し、ヨーロッパ大陸諸国が保護主義による関税同盟を結んで対抗すべしという主張を展開した。

して、特に近代を考えるためのツールとして、ドイツ語を学ぶのはいいと思う。今はやらないでいいよ、高校時代には。でも大学生になって哲学的思考を磨きたいと思ったら、ドイツ語はやった方がいい。

官僚や新聞記者を目指す人へ

生徒　まったく違う質問をしてもいいでしょうか？

佐藤　どうぞ。

生徒　佐藤さんは＊橋本龍太郎《はしもとりゅうたろう》元首相が、「人間的にはちょっと問題点のある人で、それが政治にも影響しているのかもしれない」と書いていらしたと思うんですけども、人間性と政治とは関係があるのでしょうか。

佐藤　橋本龍太郎さんは、政策には非常に通じていた。しかし、他人の気持ちになって考えるという点については弱かった。それから、自分より圧倒的に立場の弱い人に対して厳しく出ることもあった。

若くして亡《な》くなったけど、有名なロシア語通訳で、のちに作家になった米原万里《よねはらまり》さんという人がいます。彼女が、橋本さんから仕事を口実にモスクワのホテルへ呼び出され、関係を迫られた話を僕にしたことがあった。彼女は「当時の私は橋本さんに対して立場が弱くて、怒りを抱えながらも誰にも言えなかった。今だったら絶対に書いてやるのに」と言っていたんだけど、そういう面も含めて政治家は評価されなくてはならない。

皆さんの中で官僚になる人は多いと思う。あるいは大学へ入って世の中のいろいろな歪《ゆが》んだ構図を見て、それを正していきたいと考えた場合に、マスコミには大きな影響力があるってことに気づいて、新聞記者を志望する人もいるかもしれない。でも、そこで覚えておいてほしいのは、官僚や新聞記者になった人を待つ大きな罠《わな》があって、それは政治家の引力圏に引き込まれるということなんだ。

われわれの日常的な感覚からすると、政治家っていうのは学校の勉強もろくにできず、下品で金儲《かねもう》けが好きで野心だけが肥大した連中、という感じだよね。確かにそういう面はある。政治家が動く原理は私が見るところ、たった二つしかない。名誉か利権。そのどっちかだ。

ただ、名誉のためには本気で同胞のために働く政治家の姿を見ると、「この人はす

橋本龍太郎　第八二・八三代内閣総理大臣（一九三七―二〇〇六）。六大構造改革を推進し、中央省庁再編の基盤を作った。

ごい。今までに出会ったことのない人物だ。自分には及ばない特別な力を持っている」というふうに魅了されて、その引力圏に引き込まれ、周りの物事が見えなくなってしまうことがよくある。

鈴木宗男さんとか*田中角栄《たなかかくえい》さんとか、学歴や学校の成績という価値観をベースに考えたら「なんでこんな人に？」と思うような人物に、多くの人が吸い込まれていくのもそれなんだ。これからは小泉進次郎《こいずみしんじろう》さんがそうなるでしょう。こういう人たちに、国民がどうやって吸い込まれていくか、皆さんはその論理もうまくつかんでおかないといけない。

対照的な二人の政治家

佐藤　たとえば、森喜朗《もりよしろう》さんという人がいる。それから加藤紘一《かとうこういち》さんという人がいる。

森さんは早稲田大学卒業で、大学時代はラグビーをやっていた。その頃の早稲田はそんなに難しくなくて、各地方の国立大の方がずっと難しかった。埼玉大や千葉大と早稲田のどちらが難しいかっていったら、だんぜん埼玉大、千葉大の方が難しかった。そういう時代です。

他方、加藤紘一さんは東京大学の法学部を出て、非常に優秀な成績で外交官試験に合格し、いわゆるチャイナスクール、つまり中国語の専門家として外務省に勤めてから政治家になった人。偏差値的なことで言ったら、森さんより格段に優れている。

その二人の政治家が、あるとき争っていた。皆さんがまだ小さかった頃だと思うけども、加藤紘一さんが、森喜朗総理大臣を追い落として総理になろうとした「加藤の乱」と呼ばれる政争が起きた。二〇〇〇年のことです。

ちょうどそのとき、私は外務省にいて日露関係を担当していました。ブルネイで日露首脳会談が行われる数日前、ロシア政府の幹部が非公式に私に接触してきた。その人はいわゆるインテリジェンス、秘密警察の人です。

「実は加藤紘一さんからの密使がクレムリン*に送られてきた。『森政権は近く倒れて

田中角栄　第六四・六五代内閣総理大臣（一九一八―九三）。都市と地方の交通・産業格差を是正するとした「日本列島改造論」を唱え、公共事業を積極的に推進。米・ロッキード社の飛行機売り込みに絡《から》む外為法違反と受託収賄の罪で逮捕・収監された。明るい人柄で大衆の人気を集めた昭和を代表する政治家。
クレムリン　モスクワ中心部のロシア大統領府や大統領官邸、赤の広場を擁する場所。「ロシア政治の中枢《ちゅうすう》」という意味でも使われる。

加藤政権ができるから、プーチン大統領は森さんに会わないほうがいい。森さんと何かを始めてもあとで仕切り直すことになるだけだし、約束しても履行《りこう》されない。無駄だ。本気で日本と交渉をしようとしているんだったら、日本の政治情勢をきちんと見てくれ』と言ってきた。佐藤さん、本当のことを教えてほしい」と、こう言う。「本当のことは私にも分からない」と答えたら、「いや、あなたはその辺は詳しく知っているはずだ」と。

要するに、当時非常に力を持っていた経世会《けいせいかい》という自民党内派閥の鈴木宗男さん、*野中広務《のなかひろむ》さん、橋本龍太郎さん、こういう人たちの動きが鍵になるだろうと向こうは見ていて、「この人たちがどう動くか、本当のことを教えてほしい。クレムリンすなわちプーチン大統領に報告しないといけない」というわけ。

リエゾンの流儀

佐藤　情報の世界においては、リエゾンという連絡要員がいます。例えば東京にはアメリカのCIA、ロシアの対外諜報庁（SVR）、イギリスのSIS（いわゆるMI6）など各国の秘密情報部の人間がいる。普段は外交官、だいたい参事官か一等書記官を装《よそお》って活動しているけど、秘密情報部の人間だということは互いに明らかにしていて、関係者だけは知っているわけ。

その人たちは、国家間にどんな対立があるときでも、その後ろでニコニコ笑って会って調整をする。そこでは絶対に嘘《うそ》をついてはいけないという約束がある。もちろん本当のことを全部言わなくてもいいけどね。そういう特別な訓練をされた人たちを業界用語でリエゾンと呼びます。

日本政府は対外情報機関がないし、リエゾンのできる人がいないから、いつの間にか私がいくつかの仕事でそういう役割をするようになっていた。それで、私はロシアのリエゾンにこう言った。

「本当に私には分からない。野中広務さんは、加藤さんに政権を渡したいと思っている。しかし『もう少し待ちなさい。森さんに、あと一年ぐらいやってもらえば、普通の手続きを経て加藤さんが次の総理になるんだから』と考えている。でも、加藤さんは『待てない』と思っている。今の日本は危機的な状況にあって、このままでは自民

野中広務 五七歳で初当選と遅いスタートながら自民党の実力派議員として自治大臣、国家公安委員会委員長、内閣官房長官、沖縄開発庁長官、党幹事長など要職を歴任。「影の総理」と異名を取った。

党政権が沈んでしまうのみならず、日本の国がめちゃくちゃになってしまう。これは森さんが無能だからで、一日も早く自分が権力を取らないといけないと加藤さんは思っている。

それに対して橋本龍太郎さんは、この間マスコミの前で、『あんなやつは、いつまでも焼けた鉄板の上で猫踊りをしてればいい』と言ったけれども、あれが本心だ。加藤さんを見限っている。

鈴木宗男さんは、両にらみだ。実はこの前、加藤紘一さんと非常に近い人が鈴木さんと会った。そこで、『鈴木さんの言うことを聞く十数人の国会議員を加藤さんの側に貸してください。森さんの不信任決議案が出たときには、鈴木さんが指示をして彼らの票を不信任に投じさせてください』と頭を下げたけど、それに対して鈴木さんは特に言質《げんち》を与えなかった。

鈴木さん自身は、森政権が取り組んでいる日露関係を進めたい思いはある。しかし、加藤さんが政権を取るんだったら、そこに参加して自分の力を付けたいという思いもある。けれども、今のタイミングでどちらの思いがより強いかと言ったら、森さんを守る側だ。とはいえ、森さんが勝てるかどうか、鈴木さん自身もよく分からないと思う」

そして今度は私のほうから「今あなたがした話、私は森さんに伝えるからね」と言った。加藤さんが密使を送って、プーチン大統領にメッセージを伝えた。それを私が知ってしまった以上、森総理に知らせないまま交渉に臨ませるわけには、日本の外交官の良心としてできないからね。

相手はやめてくれと言わなかった。黙っていた。それを私は了承と受け止めました。

官僚は聞かないことも能のうち

佐藤　それで、ブルネイでの日露首脳会談の前に森さんに会ったんだけど、総理と直接会うってけっこう大変なんですよ。長く会えても三〇分。そして、外務省の用事で会うんだったら外務省の担当秘書官が必ず同席して、外務省は全部知っているという形にする。

ただ、この話は相当まずい。これを下手な形で本省に報告されて、もし加藤政権になった場合、私のクビは確実に飛ぶ。それは怖いよなと思うと同時に、私は加藤さんのやり方に腹を立ててもいたんです。外交交渉っていうのは、政権が倒れようが何しようが、その直前まで今の内閣で全力を尽くして行うのがモラルだと私は思っている。だから聞かないふりをせずに、リスクは承知でその話を森さんに伝えることにしました。

森さんの横に二四時間くっついているＳＰ（警護官）に「ちょっと総理と直接会っ

て話したいんですけど、繋いでもらえますか」と言ったら、普通は駄目なんだけど、森さんが私のことをかわいがっていると知っている警護官は繋いでくれた。

森さんが「いいよ。ちょっと来い」と、扉を開けてくれた。そうしたら外務省の秘書官の佐々江賢一郎《ささえけんいちろう》さん（現駐米大使）という人が、一緒に中に入ってこようとしたわけ。そのとき私はこう言った。「佐々江さん、政局の話ですから、聞いたらあなたも当事者になりますよ。ものすごくやばい話です」と。それを聞いて佐々江さんは、ひるんでスゴスゴと出て行っちゃった。

生徒一同　ふふふ（笑）。

佐藤　でも、そういう態度は出世するためにはすごく重要なこと。佐々江さんはのちに事務次官まで務めたけど、あの時に「それでも、やっぱり外務省の人間として聞いておかなければ」と言って当事者になってしまっていたら、たぶん生き残ってなかったよ。

政治家の引力

佐藤　私はそこで森さんにロシア側から聞いた話をした。そうしたら、森さんはこう言った。「俺はもうもたないかもしれない。でも、知らせてくれて本当にありがとう。

総理なんかやってると、みんないい話しかしてこないんだよ」。

そして、「俺が北朝鮮との関係で今、動いていることは知ってるな」と聞くので「なんとなく感づいてます」って答えたら、「加藤は北朝鮮にも同じメッセージを出してるという話が入ってきた。俺と加藤が考える、政治でやっていいことといけないことの境界線は、だいぶ違う気がする。俺は自国の政争に外国を巻き込むことだけは、どんな時でもやってはいけないと思っている。だけど、加藤は感覚が違うんだよな」とボソッと呟《つぶや》いていた。

「あなたと一緒に仕事ができて楽しかったよ。プーチンとサンクトペテルブルクに行ったときは、すごく面白いイタズラをした。実はプーチンの車には秘書官しか乗ってなかった。その後ろの警護官のライトバンにプーチンと俺が二人で乗っていた。みんな秘書官の車を守って、そっちに手を振ってるのを見て、誰も気付いてないぞって二人で笑っていたんだ」と言うので、私は「思い出話はちょっと早いです、総理」と制した。でも森さんは、「とにかく総理大臣の手によって北方領土問題を解決しなければいけないと思ってやって来た。プーチンとの間に、一緒にイタズラができて笑えるような信頼関係があるんだから、今こそやらないといけない。しかし、俺はもう駄目じゃないかと思うんだ」と元気なく話し続けた。

結局、五分だけのはずが四〇分ぐらいになって、「総理、そろそろ失礼します」と挨拶《あいさつ》して部屋を出ようとしたら、森さんは私を呼び止めて深々と頭を下げるわけ。「加藤政権になっても俺に仕えたのと同じ気持ちで、きみ、加藤に仕えてくれよ。きみの力が日露関係のためには必要だから」

こういう瞬間に、政治家の引力圏にグッと引きずり込まれるんです。そこで私は森ファンになる。誰がなんと言っても森さんのことは好きなんだ。ただ、私はそこからあえて距離を置こうと努力しているけれどね。

その後すぐ、ロシアのリエゾンと連絡を取って、森さんとのやり取りをロシア側に伝えた。森さんは自分自身で「もたないんじゃないか」と思っている。しかし、私に「加藤政権になっても、よろしくお願いする」と言っていて、日露の戦略的提携と北方領土問題の解決については本気だと。

そしたら、その翌日の会談が始まる前に、記者たちの前でプーチン大統領が森さんに「私はあなたを来年ロシアに招待したい」と言った。それを聞いて世界はびっくりしたわけなんだ。森さんはもう権力を失うんじゃないかと見られていて、みんな警戒して距離を置いて付き合っていたからね。

ところが、プーチンの耳には明らかに私の送った情報が入っていて、世界中のマスコミの前で「ロシアは森を推している、森を相手に交渉したい」というメッセージを出した。そうなると森さんも俄然《がぜん》元気が出てくるわけ。それによって、イルクーツクでの日露の首脳会談が決まって、ここで北方領土問題の一つの基盤ができる。

長い話だったけれど、ある種の人間的な魅力というものが政治家にはあるんです。それは日本の政治家だけではなく、ロシアの政治家もそうだし、恐らく金正日《キムジョンイル》にだってあったんだと思う。こういう力は天賦《てんぷ》の才であって、努力で身につくものじゃない面もある。

間違いだらけの外交教科書

佐藤　ところが、逆の話もあるんです。内閣官房副長官補をやっている兼原信克《かねはらのぶかつ》さんという人がいる。年は五四歳だから高校までの学年は私より一年先輩です。外務省の超出世頭です。

でね、皆さん、問題は兼原さんの書いた『戦略外交原論』(二〇一一年)という本なんですよ。この中にこういう記述がある。

〈宗教改革は、イタリアから始まった。15世紀には、スフやサヴォナローラという改革者が火炙《ひあぶ》りにされた。しかし、一度燃え上がった宗教的覚醒《かくせい》の火は消えない。やが

て16世紀になると、ドイツにルターが出て、フランスにカルヴァンが出る。この2人が当時の欧州に与えた衝撃は大きい〉

　これ、おかしいと思わない？　宗教改革ってどの国から始まってる？

生徒　ドイツです。

佐藤　そうでしょう。宗教改革がイタリアから始まったっていうのは、これは多分ルネサンスと宗教改革を混同してるよね。宗教改革がイタリアから始まったというのが兼原さんの独自研究の結果だとしても、まあ、かなりの少数説だ。それから「15世紀には、スフやサヴォナローラ」とあるけど、スフって誰？

生徒　フスのことでしょうか。

佐藤　おそらくフスの誤植か誤記だね。*ヤン・フスはどこの人？

生徒　フスはチェコです。

佐藤　チェコ、ボヘミアだ。イタリアと何か関係ある？

生徒　なさそう……。

佐藤　*サヴォナローラは？　これはイタリアだけども。

生徒　サヴォナローラって、確かルネサンスを弾圧した人じゃないですか。

佐藤　そう。その反動で火炙りにされたドミニコ会の修道士だ。火炙りにされたってところは合っている（笑）。さらにここを読もう。

〈ロックの活躍した17世紀の英国では、清教徒革命以降に政治が混乱していた。日本では、徳川幕府が立ち上がる頃である。当時英国では、宗教改革のうねりの中で、ヘンリー8世の国教会創設があり、清教徒革命があり、それに対する反革命が生じ、ついに名誉革命によって頑迷なジェームズ2世を追放して大陸からオランダのオレニエ公を迎えるという事態に発展した〉

名誉革命は何年？

生徒　あ、まだ、そこまで授業が進んでないです。すみません（笑）。

佐藤　名誉革命は一六八八年から八九年ね。続けて読むよ。

ヤン・フス　宗教思想家（一三七〇頃―一四一五）。聖職者の堕落や世俗化を批判し、聖書に立ち返れと説いたイギリスのウィクリフに共感し、カトリック教会から破門。コンスタンツ公会議で有罪とされ、火刑に処された。

サヴォナローラ　修道士（一四五二―九八）。ルネサンス全盛期のフィレンツェでメディチ家の独裁、教皇の堕落、市民の風紀の乱れを批判。民衆の支持を集め、メディチ家没落後は権力を握るが、戒めの厳しさに民心が離れ、教皇から破門。絞首刑のうえ火刑となった。

〈英国貴族議会は、王位に就けたとはいえかつての宿敵であるオランダ領主を兼ねた新英国国王の権限に厳しい制約を課し、マグナ・カルタを作成した〉

生徒一同　え？

佐藤　〈今日から見れば、民主主義の奔《はし》りであるが、当時の常識からすれば下剋上《げこくじょう》もいいところである〉

マグナ・カルタは何年？

生徒　一二一五年。

佐藤　そうすると、一六八八年から八九年の名誉革命の結果、一二一五年のマグナ・カルタができたって書いてあることになる。日本の感覚で言うと、明治維新一八六八年のあと、御成敗式目《ごせいばいしきもく》一二三二年ができたっていうような記述。ということは、この本の信用性は？

生徒　まず、ないですよね。

佐藤　しかしこの人は現実に、今の日本の外交戦略を立てている人なんだよ。内閣官房副長官補で、安倍総理の一番のブレーンだ。

権威に惑わされるな

佐藤　さあ、この状況を国際的にどう考えたらいいだろうか？　宗教改革がイタリアから始まって、名誉革命のあとにマグナ・カルタができたと考えている人が、日本の外交戦略を立てている。しかも、彼はこの本を教科書にして早稲田大学で講義をしている。早稲田の学生は、こういう講義を聴いて国際政治について勉強した。この本は日本経済新聞出版社から出ているから出版社の校閲《こうえつ》も通っているはず。なのに、どういうことか。

東京大学を卒業して優秀な成績で外務省に入ったような、日本でもトップクラスのエリートが間違えた記述をするはずがないと考えて、出版社はチェックしていないいんですよ。権威に惑わされているの。実はこれ、私は外国人に指摘されて読んで初めて知ったわけです。「大丈夫か？」と言われたよ。

生徒一同　うーん（笑）。

佐藤　これは歴史認識が異なるとか、解釈の違いとか、そんな問題じゃないよね。事実関係の間違いでしょ。四〇〇年も時代を間違えるっていうのは、相当難しいことですよ。でも、この本は現実世界では権威あるものとして通用してしまっている。

なにも僕は「間違ったことを書いていますね」と指摘して、兼原さんをいじめたいわけじゃない。なぜ、こんなことがまかり通るのかという一例として挙げたんだ。こういうのを見ると本当にガッカリしてくる。高校や大学で勉強したことが、なんの意味も持たない。でも、これが今の日本の一つの側面なわけ。こんなふうに知識をいい加減にとらえ、軽く見ることが、今の日本の外交や知性の弱さに繋がっているんじゃないかなと思う。

そういう人が「地政学的に沖縄に米軍は絶対に必要だ。海兵隊の辺野古《へのこ》新基地も必要なんだ」と言ったたって説得力ないですよ。官僚はまず結論を決めておいて、それに合うように都合のいいデータをパッチワークしていく。あとは、自分の優秀なキャリアを見せつければ説得できると、そうタカをくくっているわけなんだよね。

なぜ信頼し、順応してしまうのか

佐藤　どうしてこういうことが起きるのか？　人はなぜ権威を信用してしまうのだろうか？

皆さんが、大学で社会学や政治学を専攻することになったら、必ず二人の社会学者に触れることになります。一人は*ニクラス・ルーマン、もう一人は*ユルゲン・ハーバーマス。ニクラス・ルーマンは『信頼―社会的な複雑性の縮減メカニズム』という本の中でこのメカニズムを説明している。

複雑なシステム、つまり複雑系の中でわれわれは生きているわけでしょ。この自分を取り巻く複雑な事柄を一つ一つ解明するために割《さ》く時間やエネルギーはないよね。でも、複雑性には縮減するメカニズムがある。法律を作る、あるいはマニュアルを作るなんていうのもその一つ。

そして人間が持つ、一番重要かつ効果的に複雑性を縮減するメカニズムは「信頼」だというのがルーマンの仮説です。信頼によって、相当程度、判断する時間と過程を省略できる。ワイドショーのコメンテーターがなんであんなに力を持っているのか。それは視聴者から信頼されているからでしょう。

一方、ハーバーマスも『晩期資本主義における正統化の諸問題』の中で「順応のメカニズム」ということを言っている。

世の中の複雑さを構成する一つ一つの要素を一から自分で情報を集め、理屈を調べ、

ニクラス・ルーマン　ドイツの社会学者（一九二七—九八）。行為の意味づけやコミュニケーションを重視した社会システムを構想した。他の主著に『社会システム理論』。

ユルゲン・ハーバーマス　ドイツの社会学者、哲学者（一九二九—）。社会における理性に基づくコミュニケーション、行為の重要性に着目した。他の主著に『公共性の構造転換』。

解明していくと時間が足りなくなってしまう。もちろん、面倒くさくもある。だから、自分に納得できないことがあるとしても、「誰か」が発した「これはいいですね」「これは悪いですね」という意見をとりあえず信頼しておく。それが続くと「順応の気構え」が出てきて何事にも順応してしまうと。

順応と信頼はコインの裏表なんだよね。一度信頼してしまうと「これ、おかしいんじゃないの？」と思っても、なかなかそこを突き詰めることができなくなってしまう。なぜかというと、信頼した人に裏切られたという意識を持つことによって、なんてつまらない人を信頼してしまったのかと自分で自分が情けなくなるから。

「パンをよこせ」に至る歴史

佐藤　私は、政治全体については、ある意味ではシニカルかつ乱暴な見方をしていますが、民主主義的な制度下における政治的な混乱というのは、必ずフランス革命のパターンを取ると思っているんです。一七八九年に起こったフランス革命というのは、民衆が国王と議会に「パンをよこせ」と言うことから始まったよね。

余談だけど、人類はいつごろからパンを食べるようになった？

生徒　八〇〇〇年ぐらい前。

佐藤　そう、八〇〇〇年ぐらい前、確かにパンができた。じゃあ、中世のヨーロッパ人って、どれぐらいパンを食べていただろう。

生徒　中世はパンを作らないでオートミールみたいなものばっかり食べていたんじゃないですか。大麦とかで。

別の生徒　でも、大麦からだってパンは作れるんじゃない？

佐藤　中世の初期はオートミールみたいにして麦を食べていたけれど、だんだん麦の収穫量が安定してきてパンが作れるようになる。

パンってどうやって作る？　まず粉を挽《ひ》くよね。それから、こねる。発酵させて膨《ふく》らませる、焼く。でも焼いたあとのパンって防腐剤を入れないと数日しか保《も》たないよね。つまり、作るのにすごい手間がかかる上に保たないってことになる。しかも麦の粉を挽く中で、かなり無駄が出る。だから、人類がパンを食べられる時代は、生産率が相当上がっていて無駄を許容できる状態になっていたことがわかる。

今、中世考古学はけっこう研究が進んでいて、山川出版社の『中世ヨーロッパの農村世界』というブックレットなんかを読むと非常に面白い。中世の農民は一日にどれぐらいカロリーを摂取したと思う？　いや、その前に皆さん、どれぐらいのカロリーを摂取してる？

生徒　二〇〇〇。
佐藤　二〇〇〇で足りる？　元気な高校生でしょ。
生徒　三〇〇〇？
佐藤　三〇〇〇まではいかない。でも二五〇〇から三〇〇〇の間だと思う。体育をきちんとやっている皆さんならね。じゃあ中世の農民はどれぐらいだったと思う？
生徒　一〇〇〇ぐらいですか。
佐藤　三四〇〇ぐらい摂《と》ってた。
生徒一同　えー！
佐藤　中世初期には、ほとんど大麦に牛乳をかけて食べているような状態で一日中働いていたのが、フランス革命時には「パンをよこせ」と言って、みんながパンを食べるようになっていたわけ。生産力、経済力が増して生活状況が格段に向上し、また都市に人が集中している様子もわかるよね。

民主主義政治はフランス革命をなぞる

佐藤　あの時代にはもう、人々が圧倒的にホモ・エコノミクス、つまり、経済最優先、利益最優先の考え方になって商品経済が出来上がっていました。そうすると、経済状態を改善することが政治の第一の課題になる。
　すなわちフランス革命がどうして起きたかというと、当時の王政では国民が経済状態に対して抱いていた不満を改善することができなかったから。それゆえに革命が起きた。まず最初に権力を取ったのは？
生徒　ジロンド派でした。
佐藤　そのジロンド派の政策のポイントは？
生徒　ブルジョアに優しい。
佐藤　そう。ブルジョアに優しくて、王様の首を取って、王様、貴族、教会の持っていた財産を市民層に再分配した。これは民主党政権がやった事業仕分けと一緒でしょ。日本の民主党政権は基本的にジロンド的だったんだよ。「今までは政治家・官僚・実業家の間に癒着があった。そのせいで、われわれは豊かじゃなかった。豊かにするためには子ども手当、高校無償化、さらに事業仕分けをして、埋蔵金*を吐き出させて国

埋蔵金　「霞が関埋蔵金」と呼ばれる、各省庁が管理している国家予算「特別会計」の剰余金や積立金のこと。いわば省庁のへソクリで、二〇〇七年ごろから存在が公《おおやけ》になり、その是非が議論を呼んだ。

民を豊かにするんだ」というジロンド政策の論理なんです。
しかしジロンド政策は二つの問題点から長くは続かない。一つ目は税源の壁。ジロンド派が政権を握ったときも、アッシニア紙幣という没収した教会財産を担保にした国債紙幣を大量に刷ったでしょ。二つ目の問題点は？

生徒　貧困層の不満……？

佐藤　いや、まだ本格的なプロレタリアートが生まれてないから、貧困層の不満はそれほどでもない。市民層を満足させることによって、労働者層をある程度満足させることができていたんだ。二つ目の問題は非常事態だ。

生徒　ん？

佐藤　フランス国王の首を取ったら、恐慌《きょうこう》をきたした周辺国が第一次対仏大同盟を組んだでしょう。第一次対仏大同盟は、どこが加わった？

生徒　オーストリア。

佐藤　オーストリア、当時の大国だよね。それにスペイン、プロシア、これらによって囲まれて、戦争を仕掛けられた。ジロンドは基本的に平和主義だから、戦争という非常事態に対応できなくなった。そこで生まれてきたのが？

生徒　ジャコバン党。

佐藤　ジャコバンはどういう政策？

生徒　貧困に優しくて、規律の厳しい政治。

佐藤　そう。ジャコバンは公安委員会を作り、貧困に優しいと同時に再分配をしていくために、その根本になる「新しい公共」という概念を打ち出した。それから最高価格法で物価の上限を決めて緊縮財政。さらに国民皆兵《こくみんかいへい》制度。全国民を武装化し、規律を強化していく。実はこれらは戦争に対応し、財源に対応していく政策だったわけ。

生徒　「新しい公共」とは、どういうことですか。

佐藤　個人の利益ではない公共心。ブルジョアは個人の利益だけを追求しているけど、世の中には貧しい人もいる。それに〈国家を守る〉という点でも公共心を持つということを非常に重視した。これは、3・11の東日本大震災以降の民主党政権、それから今の自民党政権にも見られるよね。国民に愛国心を求めるとか、対外的な緊張関係を力で処理していくとか、ジャコバン的な要素は明らかにある。ただ、ジャコバンも長続きしない。どうしてか。

生徒　厳しすぎる。

佐藤　そう。厳しすぎて長続きしない。息切れする。そこで生まれてきたのは？

生徒　ナポレオン。

佐藤　じゃあジャコバンに代わるナポレオンの政策は？　「国内では、そこそこ自由にやりましょうや。生活水準は上げてあげますから」と言って国の外から収奪してきたんだよね。だから、帝国主義政策というのはナポレオン政策なんです。

ナポレオン政策で潜水艦を売る

佐藤　じゃあ、ナポレオン政策を具体的に日本に当てはめてみよう。「原発は、おっかないから日本国内では新たに作りません。しかし原発を買いたいという外国があるんだったら、喜んで売ります。その利益で国内を豊かにします」。これって帝国主義的、ナポレオン的政策じゃない？

それから「武器輸出三原則を緩和します」と言ったその結果、そうりゅう型の潜水艦をオーストラリアに売ることが可能になった。これもそうだよね。

ちなみに、オーストラリアは中国を警戒して防衛力を強化しないといけないけれど、アメリカから潜水艦を買うことはできない。どうして？

生徒　すごく高いから？

佐藤　違う。アメリカは今、原子力潜水艦しか造ってないんだ。オーストラリアは徹底した非核化政策を採っているから核を使った兵器は一切入れられない。だからディーゼル潜水艦を買おうとすると、世界で能力の高いディーゼル潜水艦を造っている国はロシア、日本、ドイツ、オランダ、スウェーデンになる。ところが、オーストラリアがロシアの潜水艦を買うっていうことは安全保障政策上、考えられないでしょ。戦力が相手に筒抜けだから。となると、ドイツ、オランダ、スウェーデン、日本の潜水艦を買うしか選択の余地がないはずだということになる（編集部注：二〇一六年四月二六日、フランスＤＣＮＳ社の受注が決定した）。

またちょっと余談だけど、みんなの世代だとプラモデル好きな人なんて、もういないかな。もしくは第二次世界大戦中の軍事系に詳しい人いる？

生徒　僕、ちょっとだけ……。

佐藤　日本の潜水艦って何種類あった？

生徒　あ、すみません、潜水艦は詳しくないです。

佐藤　潜水艦は、伊《い》号潜水艦と呂《ろ》号潜水艦と波《は》号潜水艦があった。この中で大型潜水艦は伊号潜水艦だ。たとえば伊四百型なんていう潜水艦は飛行機を三機積むことができた。パナマ運河の攻撃を計画していたくらいだからね。実際に零式小型水上偵察機っていう、胴体の下にスキーを履《は》かせたような形の飛行機を飛ばして、アメリカ西海岸の森を焼いたりしている。これはアメリカ史上初の本土空襲だったんですよ。

日本の伊号潜水艦は、世界中を泳ぎ回ることができる力があったんだ。ちなみにドイツのUボートは一番大きいやつで呂号、だいたいは波号程度なの。だから、太平洋を縦横無尽に動くことができなかったし、ドイツはいまだに大型潜水艦の技術がないんだよね。オーストラリアは中国の航空母艦に対抗するために潜水艦を必要としているわけだから、ドイツの潜水艦じゃパワー不足なんだ。

日本は今まで武器の輸出、いわゆる「死の商人」はやらないということだったけれども、中国の軍事力が高まっている状況の中で、中国に脅威を感じる国に潜水艦を売ることによって中国の封じ込めを強化できるし、金儲けもできる。すると日本経済は豊かになる。

この帝国主義的、ナポレオン的な政策の要素は、明らかに民主党政権の後半から入ってくる。ただ、まだこの政策の潜在力は十分に使われていないと考えられるので、今後また違う形で出てくるかもしれない。帝国主義は良いとか悪いとかいう話とは別に、この資本主義社会において危機に直面したとき、国家はいろんな可能性を試すわけです。

最初は「再分配」というジロンド的な言葉を使う。ところが、それがもう限界に来ちゃった。ジャコバン的な方法は、まだ十分には使ってない。

ちなみに、安倍政権のほうが野田政権や菅政権の後半と比べると、ジロンド的だからね。アベノミクスは、お札《さつ》をどんどん刷って公共事業をどんどん増やしていくことで景気を回復させようとしている。基本的に痛みを伴わない改革でしょ。

強《し》いて言うと、一〇年後、二〇年後、皆さんが社会人になった頃にツケが全部回ってくるわけですが、われわれみたく、これから死に絶えていく人間には関係ない。アベノミクスが二〇年続けば、われわれはその上に乗っかって、ツケを全部、後ろの世代に回して、死んでいけばいいっていう組み立てだから。

ということは、ジロンド的な政策をやっても、やっぱり無理が出てくる。根本的な解決はむずかしい。そうすると、帝国主義的な方針が出てくると見ていい。

反知性主義に「上から目線」で対抗する

佐藤　このアベノミクスというのは、おそらくは安倍総理とその周辺が主流派の経済学を全く知らないがゆえに出来上がった政策じゃないかと思う。

たとえば、ゼロ金利からの金融政策。あれがどうして金融政策なのか、私にはよく分からない。最終的には日銀に大量の国債を買わせることになるわけだから、どちらかというと財政政策だよね。

しかも一方で緊縮財政の話をしながら、他方でケインズ型*の公共事業に依存していくと言い、そのうえ、民間投資での成長を実現していくと。これらはまったく位相の違う話だよね。「三本の矢だ」と言うけど全然結び付かない。これを結び付けるのは至難《しなん》の業《わざ》ですよ。

アベノミクスが成功するには、市場の期待が集まっている瞬間に、たまたま国家の基礎体力が飛躍的に向上するようなイノベーション（技術革新）が生まれるとか、奇跡のような偶然がいくつも重ならなければ無理だっていうことは、理屈で考えれば、ほとんどの人が分かると思う。そうじゃないって信じられる人は反知性主義に陥っています。つまり、実証性と客観性を無視して、自分が欲するように世界を理解しているってことだ。

生徒　今、反知性主義という話がありました。これと、最初のほうにおっしゃっていた、知識を詰め込まれた後進国型のエリートっていう話が繋《つな》がってくるんでしょうか。

佐藤　繋がる。なぜかと言えば、反知性主義というのは知識の量とは関係ないんだ。知に対する姿勢の問題、知というものをどういうふうに見ているか、ということなんです。

中世の哲学の格言で、「総合知に対立する博識」という言い方がある。今でいうと、オタクみたいな形で細かい知識や情報を山ほど持っていても、中世の発想からすると、そうした知識群はいかに人間が救われるかということに繋がっていかなければ全く意味がないんです。それと似たような意味で、知識をどう有機的に繋げていくかと考える姿勢がないと、大量の知識を持っていたとしても反知性主義に陥ってしまう。

じゃあ、その大量の知識を持った上での反知性主義はどういうものかというのは、ホルクハイマー*とアドルノ*という二人の哲学者による『啓蒙《けいもう》の弁証法―哲学的断想』を読んでみるとよく分かります。

生徒　反知性主義に対抗するには、なにが必要なんですか？

佐藤　すごく難しいね。結局、反知性主義者を封じ込めていくしかないと思うんだけど、そうすると、やっぱり力の論理になっちゃうよね。

ケインズ型の公共事業　イギリスの経済学者ジョン・メイナード・ケインズ（一八八三―一九四六）は、赤字国債を発行し、公共事業を増やすことで雇用を促進する景気対策を唱えた。

ホルクハイマー　ドイツの哲学者、社会学者（一八九五―一九七三）。アドルノと並んでフランクフルト学派の中心的人物。

アドルノ　ドイツの哲学者、社会学者（一九〇三―六九）。音楽家でもあった。

念のために言っておくけど、反知性主義は本来、違うニュアンスで使われていた言葉なんだ。これはもともとアメリカで生まれた言葉で、知性の高い人たちが威張り散らしていると教会が成り立たないから、みんな神の前には平等なんです、教会に行ったらみんな一緒ですよ、という意味合いの、むしろ知性を持った人たちの傲慢《ごうまん》さを牽《けん》制《せい》する言葉でした。教会の役員会とか、あるいは、ユルゲン・ハーバーマスが言っているような学級会*モデルだよね。でも、実際問題として、学級会だって成績のいいやつが幅をきかすわけだけど。

生徒　僕ら自身が反知性主義者の言説にとらわれないためには、どうするべきですか？

佐藤　反知性主義的な言説がどうして出てくるか、メタ（高い次元）のところから見る努力をすること。反知性主義に対してだけではなく、あらゆる物事を鳥瞰《ちょうかん》する徹底した「上から目線」を持てるように意識していくことは、決して悪いことではない。

余談だけど、政治家になるためには、皆さんみたいなエリート校出身者ってすごく不利なんだよ。同窓生に官僚や一流企業の社員が多いから、「国会議員になるんだ。ふ〜ん」という醒《さ》めた感じで後援会に人が集まりにくい。

でもこれが、ナントカ商業高校の出身だと、後援会がすごく作りやすい。だいたい偏差値五〇台の真ん中以下ぐらいの学校は、「俺たちの代表を送り出そう！」という気持ちが高まって同窓生が必死に応援してくれる。だから政治家は、学業の優秀さとは別の資質や才能を持っている人たちがなっていくものなんだ、と思うことが多々あります。

ニヒリズムとは

生徒　僕は佐藤さんの本の中に出てくるニヒリズム（虚無主義）というのが分からなかったんですが、説明していただけないでしょうか。

佐藤　ニヒリズムには二つの考え方があるんです。

一つは日本で主流の考え方。ニーチェ*の系譜を引き、文学ではドストエフスキー*の

学級会モデル　民主主義的決定の条件として、各人が自由で対等な立場で時間をかけて学級会のように議論を尽くさなくてはならないという主張。熟議民主主義とも言う。

ニーチェ　ドイツの哲学者、詩人（一八四四―一九〇〇）。『ツァラトストラかく語りき』『善悪の彼岸』などでキリスト教道徳を攻撃、自己克服の象徴「超人」を理想とする哲学を展開した。晩年は精神錯乱に陥り、ワイマールで死去。

ドストエフスキー　ロシアの作家（一八二一―八一）。人間の内面的な矛盾と宗教の交わりを描き、一九世紀ロシア文学を代表する世界的作家となる。他の主著に『罪と罰』『白痴』『悪霊』。

『カラマーゾフの兄弟』に流れているタイプのニヒリズム。つまり、世の中にはタブーなんて何もない。人間が自分で作り出した神様というインチキなものに縛られているだけに過ぎない。本当は何事も許されるんだと、こういう考え方。

たとえば、ちょっと気持ち悪い話かもしれないけど、なぜ自分の親とセックスしてはいけないのか。そんなもの人間が勝手にタブーだと思っているだけじゃないか。皆さんは優秀な若者だ。だったら、お母さんも優秀なはずだ。優秀なお母さんとの間に子どもを作れば優秀な子どもができるんじゃないか。と、こんな考えも生まれてくる。

源流は、ドイツのヘーゲル左派の哲学者マックス・シュティルナーの『唯一者《ゆいいつしゃ》とその所有』という本にあるんです。自分以外には何者もない。正しいと思ったことは、それをやればいい。自分が生まれてきたのはなぜか分からない。しかし死ぬことは運命づけられていて、そこから逃れることはできない。その与件《よけん》の下でわれわれは生きているが、結局のところ人生の目的とか人類が発展していくとか、そんなようなものは何もないのですよ、という考え方だ。

でもね、やっぱり「何もない」と人間は不安になるんですよ。不安だと、自分が「超人」になっている、ものすごい力を身に着けているという思い込みに走って、最後はだいたい精神病院の中に入る形で終わりになる。ニーチェのようにね。

そうでなければ、自己を喪失して、素晴らしく偉い人に自分を全部委《ゆだ》ねてしまって、一切の問題を解決しようとする。「総統に全《すべ》てを捧《ささ》げます！」と言って、ナチズムに傾倒するなんていうことも、こうして出てくる。

余談だけど、学校で健康診断があるでしょ。

生徒　はい。

佐藤　それから、添加物の入っているようなパンはイヤだから胚芽パンが好きとか、自然食品屋で買った有機野菜しか食べないとか、そういう健康志向の人ってけっこういるよね。あれはナチスのときに始まったんだ。

草思社から出ている『健康帝国ナチス』が面白い。なぜナチスが健康志向なのか？ナチスにとって自分の身体《からだ》は自分のものじゃないの。総統のものなんだよ。だから常に総統のために戦えるよう、国民は健康でいなければならないわけ。

だから健康に悪いタバコや着色料を使っているような食品は駄目。見た目と味はイマイチだけど、栄養バランスの良い胚芽入りのパンを食べましょうとなって、健康診断が義務化された。それと同時に、人間の体のガン細胞と同じように人類にもガンがいる。ユダヤ人とかロマ人（いわゆるジプシー）はガンだから、隔離して除去しようと、平気でそういう発想になるわけです。

話を戻すね。だからニヒリズムっていうのは、ニヒルな状況の中では勝てないということになると、誰かに全面的に依存してしまうようになる危険性がある。

もう一つのニヒリズムというのは、ロシアの伝統的なニヒリズム。そもそもニヒリズムっていうのはロシアの言葉で、それがヨーロッパに入って意味が変容しちゃったものなんです。ロシア本来のニヒリズムというのは、既成の価値観を否定し、自分たちの理想的な社会を作っていくっていう革命思想なんだ。

生徒　どういうことです？

佐藤　資本家でも国王でもいいけど、そういう既存の支配層が搾取《さくしゅ》、収奪をしているから、そういった連中たちを除去して新しい思想に基づいて新しい人間と社会を作ることができる。そんな考え方。

＊ボリシェヴィズムというソ連型共産主義は、途中からスターリン主義の影響で宗教的な要素が入ってきて、だいぶ異質なものになっちゃったと思うけど、初動においてはニヒリズムが濃厚だったんだ。

女性問題は文学に学べ

生徒　最初のほうにおっしゃったノブレス・オブリージュですが、佐藤さんはそれを持つべきだと思いますか。また、そういうご意見だとしたら、それはどうしてですか？

佐藤　まず答えちゃうと、もう運悪く、皆さん、ノブレス・オブリージュは持っているんですよ。一所懸命勉強してエリート校に入学し、春休みの間も向学心に燃えて、わざわざ新幹線に乗って私のところまで来るような生徒たちなんだからね。これは否《いや》が応《おう》でも優秀なんだ。ノブレス・オブリージュを持たざるを得ない。

ただ、そういうきみたちだから、あえてイヤなことを言うよ。

女性問題で転ばないでね（一同笑）。つまらない女性に入れ込んで、人生のエネルギーをほとんどそこに注《つ》ぎ込んじゃって、研究に手が付かなくなる研究者の卵とか、あるいは、いつの間にかストーカーみたいになっちゃって、取り返しのつかない人生を送る官僚とか、結構あるケースなんだから。ほかの人は誰も言わないと思うから私が言っておくけど、そこは気を付けてください。

ただ、その問題に関しては対処の仕方がある。それは良い小説を読んでおくこと。

生徒一同　おお（笑）。

ボリシェヴィズム　レーニンが提唱し、スターリンが定着させた革命思想。

佐藤　いや、本当だよ。良い小説を読んで、さまざまな状況を疑似体験し、代理経験を重ねることで自分を客観視できるし、いろんなタイプの人間を知ることができる。それから、人の気持ちになって考える訓練をしてね。こんなことを言ったら、相手はどう思うだろうとか、別の人はどう考えているだろうかと想像するクセをつけると、だいぶ違ってきます。

これからの人生の中で、どういうパートナーを見つけていくか、どういう女性と付き合うか、あるいはセックスの問題についても、とても重要になってきます。今、皆さんは十代半《なか》ばだけども、もうちゃんと大人の男としての生殖能力があるわけだからね。それに、こういう問題は、みんなで話し合って結論を見つけましょうというタイプの話ではない。一人一人が自分と向き合わなければいけない。私の経験上、異性に関わる問題は、実地の経験から学ぼうったってまずロクなことはないから（一同笑）。

良い小説を読んで勉強することが、絶対にプラスになります。

人の気持ちになって考えること

生徒　今おっしゃった、人の気持ちになって考えるということですが、たとえば中国と日本でも考えていることは相当違うと思うし、また、沖縄の人が実際にどう思っているかを日本の政治家があまりよく理解していないことがあるのは、相手の気持ちを理解しようとする力が弱くなってきているってことなんでしょうか。

佐藤　そう、その通りです。あなたがいま指摘したことはすごく重要な問題なんだ。

話が飛ぶようだけど、私にはロシアにいた時に出会った、非常に尊敬している学者がいます。セルゲイ・アルチューノフっていう先生。もう八五歳ぐらいになっているかな。お父さんはアルメニア人、お母さんがユダヤ系ロシア人、本人はグルジア（現ジョージア）のトビリシで生まれ育った。哲学者のウィトゲンシュタイン*は、言語の違いが人間の思考にものすごい影響を与えると言っているけど、グルジア語って非常に特殊な言語なんです。

そのアルチューノフ先生は、最初、日本研究家でした。一九六〇年代半ばに、ソビエトから日本への戦後第一号の研修生として京都大学に留学した。そこで東日本と西日本の文化の違いを食習慣の面から注目して、なぜ西日本では朝ごはんにお粥《かゆ》を食べ、東日本ではご飯を食べるのかとか、そういう研究をしていた。それからアイヌ語も上

ウィトゲンシュタイン　哲学者（一八八九―一九五一）。言語の分析を哲学の手法として捉《とら》え、分析哲学の礎《いしずえ》を築いた。主著に『論理哲学論考』。

手で、アイヌに関する本を二冊書いているし、沖縄についても非常に詳しい人だった。ところが、日本とソビエトの関係があまりに悪いんで、文化人類学者の命であるフィールドワーク（現地調査）が日本ではできないという理由で、日本研究をやめてしまった。

そのあとはインドの研究を皮切りに、世界の食文化や、イヌイット、コーカサスでの民族理論とさまざまな研究をしていた。日本語、英語、ロシア語、ドイツ語、フランス語、アルメニア語、グルジア語の七カ国語で論文を書き、自由にしゃべり、それ以外に四〇の言語を読むことができる人です。

その先生と、あるときチェチェン、アルメニア、コーカサスの問題を話し合っていて、こう聞かれたことがある。「あなたは生粋《きっすい》の日本人じゃないでしょう。どこか少数民族の血が入っている。あるいは外国人の血が。違いますか？」と。

「私は母親が沖縄なんです」と答えたら、「あ、それで分かった」と言われた。彼は日本人には何人も会っているし、日本の外交官とも会ってきたけど、私と話している時の感覚が他の日本人と全然違ったんだそうです。

彼が言うには、「私自身、いろんな少数民族の血が入っていて、研究もやっているからよく分かるけれど、大民族の出身の人は、複雑なコンプレックスを抱えながらも自分たちの思いを言語化できない少数民族の気持ちは分からない。そもそも、〈自分たちが分かっていない〉ということも分からない。あなたは少なくとも、〈分かっていない〉ということについては分かっている。だから、ソ連でも少数民族の友だちが多いでしょ」と。

図星でした。少数民族の友人たちは、ロシアに関する重要な情報を私に教えてくれていました。それは私の中に刷り込まれている、母親が日本の少数民族である沖縄人だという意識が彼らに通じていたのかもしれない。大学を選ぶときも、人とはちょっと違う選択をしたし、大学に入った後も、勉強を投げ出して遊び歩くとか、世の中を斜めに見るということはせず、かなり真剣に神学に取り組んだのは、私が少数派に属していたことと、どこか関係しているのかもしれません。

人にはそれぞれ育ってきた文化による拘束性がある。それがあるから、他人の気持ちを理解することは口で言うほど簡単なことではないのです。

自分の思考の鋳型を知ろう

佐藤　皆さんにぜひ読んでほしいのが、岡田《おかだ》尊司《たかし》という精神科の先生が書いた『マインド・コントロール』という本です。

岡田さんは私と同い年で、東京大学の文学部哲学科を中退したあと、京都大学の医学部に入り直している。そこで精神医学を勉強して、法務省に入り、少年院の監察医をずっとやっていた人です。最近になってから本を何冊か出しているんだけども、中でもこの『マインド・コントロール』が非常に面白い。

たとえば、きちんとした教育を受けた高学歴の人たちがオウム真理教のようなカルトに入信したり、ブラック企業で違法行為に手を染めていったりということがあるよね。あるいは少女たちが、ヤクザの愛人になってズルズルと関係が切れない。こういう人たちはさまざまな形でマインド・コントロールを受けている。

彼の分析によると、マインド・コントロールの原形は、子供たちが集まるスポーツクラブや進学塾にあると言うんです。そこでは子供をトンネルに入れるみたいに周囲から遮断して、その小さな世界のルールや価値観で支配する。トンネルの先に見える明かりは試合に勝つ、もしくは志望校に合格すること。そこに向かって脇目《わきめ》もふらずに邁進《まいしん》していく、そんな世界を作る。

この方法をとることで確かに効率的に能力を伸ばすことはできるかもしれないけれど、そういう形で思考の鋳型《いがた》を作られちゃった人というのは弱いんです。つまり、その後の人生で、企業であれ、カルトであれ、役所であれ、外界から遮断されたところに入れられて、独自の価値観の中で評価されて、出口はここだっていう一点を見せられると、比較的簡単に疑問も持たず、その世界に没入してしまう。マインド・コントロールされやすい。

たとえば、みんなの同級生でも、学校の成績はあんまり振るわないけども、クラブ活動には異常に打ち込む子とか、趣味の分野については非常に詳しい子とかいるでしょう? 勉強とは違う価値基準を作って、自分は意識が高いんだとか、他の子とは違うんだ、いいセンスを持っているんだという具合に一種の逃避や合理化をする。実は同じことを僕自身もやったことがある。おそらく岡田さん自身にも経験があって分かるんだと思う。そんなふうに、ある認識の鋳型、ある種の価値体系をかたくなに持っている人がいる。

それで話を戻すと、人の気持ちをどうやって理解できるかという問題は、相手だけじゃなく自分とも向き合わないといけない。特に思考の鋳型にはめられている人にとっては心理学的な知識が必要になってくる。

受験を人生の目標にしない

佐藤　今みんないくつ? 一番若い人は?

生徒　十五です。
佐藤　一番年上は？
生徒　十八かな。
佐藤　みんなの五年後を想像してみよう。二〇歳から二三歳、おそらく大学に入っているよね。
　もし浪人した場合だけど、僕自身の経験から言うと、大学はその時に持っている学力で行けるところに行くのが基本的にはいいと思います。しかし、二浪三浪してでも絶対に東京大学に行きたいとか、東大に行ってないと周囲に対してカッコつかないとか、東大だったらもう学部はどこでもいい、という人もいるかもしれない。かつての浦和高校にもそういう人はいた。
　でもね、そういう形で東大へ行ったとしても、合格した時点で人生の一つの終点に立ってしまうから、たいていその後の行先を見失うことになるよ。
　たとえば、医者になりたいけど東大理Ⅲへ行くのは難しい。しかし京大の医学部なら、あるいは筑波大の医学群なら確実に行けるということだったら、そこへ進学すればいい。そこで勉強して先の道が開けた、なんてことはいくらでもあります。
　ただし理科系の場合、とりわけ医学それから理学は、ある程度レベルが高い大学じゃないと実験に限界がある。文科系の場合は、本を読んで考えるとかインターネットでデータを取るということができるんだけどね。工学は大学によって特化している分野が違うし、どういう企業と組んで産学連携しているかによって、必ずしもそんなに偏差値的に高い大学でなくても、工学的にいい業績を残していたりする。

それと、理系の人は大学に入ってビックリするかもしれないけど、理学部と工学部の実験って性格が全然違うんですよ。さらに教育学部での理科系専攻の実験と工学部の実験なんて、これはもう精度が全然違う世界の話になってくる。

いずれにせよ、人生の目標を受験に設定しないようにね。皆さんの場合、基礎的な頭の良さはあるんだから、そこは自分を信じていい。

〈永遠の椅子取りゲーム〉にハマるな

佐藤　みんなの大学卒業後を考えてみようか。

霞が関には優秀な人たちが集まっている。日本の一部上場企業にも優秀な人たちが集まっている。ただ、外務省でも財務省でも官僚たちで満足しているのは、はっきり言うよ、事務次官まで上り詰めた人だけです。要するに、トップでキャリアを終えることができた人、自分が金メダルを取ったんだと思っている人しか満足できない。各企業を見ても代表取締役社長・会長になった人しか満足できていない。このままだと日本の組織は、ただ一人しか満足できないような社会になっちゃう。

こういう〈永遠の椅子《いす》取《と》りゲーム〉みたいな価値観に、いわゆるエリート、特に中学、高校の成績がいい皆さんみたいな人はハマりやすい。

私は外務省でロシア語研修生の教育係をやっていたことがあります。毎年、良い大学を出た優秀な連中にロシア語を一所懸命勉強させるんだけれども、語学というのは、どうしても資質の問題があって、ある時間がたつと、同期の人間より頭三つぶん飛び抜けて先に行くような、すごくできる人が出てくることがある。そうすると、二番手以下は一切やる気を失っちゃうんだよね。自分の力が伸びればいい、他人は関係ないと理屈では分かっていても体が動かない。あの人が絶対的一位で、永遠に追い抜けないことは分かっているから、もうイヤだと思ってしまう。

そういう〈一番病〉みたいなのは、みんな持っています。ただ、皆さんみたいに、日本の偏差値上位〇・一パーセントに入る生徒たちが集まる学校で一番病の競争を本気で始めたら、大変なことになるってことは、実感的によく分かるでしょう。皆さんは、きっと上手な棲《す》み分け方を、高校の時から身につけていると思う。その感覚はものすごく重要です。単一の競争をやっているんじゃなくて、Aが得意な人もいればB

が得意な人もいる。そうやって棲み分けをしているんだと。しかも、その棲み分けを「負けた者の合理化」と見るのではなく、正真正銘、棲み分けているんだということをどうやって理解するか。

そのためには小説を読んで皮膚感覚を養ったり、動物行動学であるとか、生物学であるとか、いろんな知識を全部総合しないとできないと思う。

また、小説家に限定して話すと、皆さんの学校の先輩の中で最も優秀で、後世まで名前が残る人は、私は遠藤周作*だと思っています。

でも皆さん、遠藤周作の書いたものは額面通りに読んだら駄目だよ。彼はユーモア小説とか、いろんなエッセイに書いているような劣等生じゃないからね。灘中の一番駄目なクラスの後ろから二番目とか三番目っていうの、あれ、嘘《うそ》だから。彼はそんなに悪い成績じゃなかったんだから。

それで、親から「旧制高校へ入れ」「絶対に医学部へ行け」と、ものすごいプレッシャーを受けていたんだけれど、それと同時に「文学は絶対にやるな」とも言われて

遠藤周作　小説家（一九二三―九六）。キリスト教や人間の尊厳をテーマとした『海と毒薬』『沈黙』『深い河』などの作品で国際的評価も高い。洒脱《しゃだつ》なユーモアエッセイの名手でもある。

いて、彼は重いストレスを感じながら、結局、浪人生活のすえ慶応の文学部に進んで親に勘当された。

なおも最初は「大学の先生になれ」ってプレッシャーがすごく強かったから、彼が若い頃書いたものは、もう真摯《しんし》に取り組んだ文学評論ばかりです。それがあるとき、踏ん切りをつけて、小説を書き始めたんだけれども、遠藤周作の基本的な教養は、灘中でできていますよ。見ていれば分かる。作家になってからも、彼はずっと勉強を怠らないで、いろんなことをどんどん吸収していく。だから、すごい知識人作家です。そういう自分をカリカチュア（戯画《ぎが》化）して、ものすごい劣等生だったという自画像を描こうとしているんだけども、真実はそうではありません。

国家の崩壊を目の当たりにして

生徒　もう時間があまりありませんが、一つだけ質問していいでしょうか。佐藤さんが外交官をなさっていた時、仕事に対するモチベーションといいますか、これがあったからこの仕事を頑張れた、というものはありましたか。

佐藤　最初は外交官という仕事に対するモチベーションはまったくなかった。最初に言ったとおり、私はチェコに留学するつもりで外務省を受けたのであって、ロシア語にもロシア、当時のソビエトにも興味がなかったからね。入省後も、とにかく四〇代になったときには大学の先生に転出しようと思って、一所懸命チェコ語と神学の勉強をしていた。でもまあ、それと同時に、周囲の連中にロシア語で負けたくないという気持ちもあったけれども。

私が変わったのには何回か契機があります。一つは、やっぱり一九八九年から九一年にかけて、モスクワでアゼルバイジャン、リトアニア、ラトビア、エストニアの連中と付き合ったことです。『自壊する帝国』という本に詳しく書いた僕の親しい友人サーシャをはじめとして、モスクワの若いインテリたちは哲学的なポストモダンの洗礼を受けていて、ナショナリズムと啓蒙の思想がいかにインチキかということをよく分かっていた。しかし、そう分かっていてもなお、彼らインテリたちは結局ナショナリズムに賭《か》けた。自分の命を捨ててでも、あのソ連体制と戦って、自国を独立させようと頑張ったんだよね。

そういう人間を目の当たりにすることによって、彼らに負けたくないという気持ちがすごく湧《わ》いてきた。それが一つのモチベーション。

それから、もう一つは、一九九一年の八月。モスクワでクーデター事件が起きた。私は毎朝毎晩、ソ連共産党中央委員会というソ連国家の中枢《ちゅうすう》の様子を見に行っていた。

当時のトップエリートが集まっているところです。クーデターが起きたというのに、朝の九時半には普段通りにワーッと人が出勤してきて、五時ぐらいになると一般職員は帰っちゃう。幹部職員は残って深夜の一時、二時まで仕事をしているんだけど、わずか一キロ離れたロシアの議会は戦車でぐるりと囲まれて大変な緊張が起きていた。しかしソ連のエリート官僚たちは、あたかも何事もなかったかのごとく仕事を続けている。国家はめちゃくちゃに壊れかけていて、一般国民は本当に苦しんでいたというのに。

その姿を見て、私は東京に帰ってきて前以上に熱心に働くようになった。国家の崩壊を招いてはいけないんだと心底思ったんだ。それはすごいモチベーションになった。だから、そのためには今までのステレオタイプにとらわれないで、ロシアとの関係で改善できる余地がある点については改善しなければいけないと考えるようになった。こんな答えでいいでしょうか。

生徒　ありがとうございます。

佐藤　皆さん、一所懸命勉強してください。高校でやっていることは絶対無駄にならないし、学校図書館の蔵書も結構充実していると思うから図書館、そして先生を上手に活用することです。

生徒　あ、確かに、先生は政治経済とか、教科書以外の話もけっこう詳しく教えてくれます。

佐藤　そうでしょ。僕も教えていたから分かるんだけども、知識を吸収する力のある生徒の前で教えると、教師はもう本当に楽しい。皆さんの先生方もそういう気持ちで教えているはずだよ。だから、そういう教師たちの持っているものを最大限、吸収することです。頑張ってください。

生徒一同　はい。ありがとうございます。

生徒　スパシーバ。

佐藤　スパシーバ。ちなみにこれは、もともとは「神様、お助けください」という意味だから、使うなら覚えておいてね（一同笑）。

生徒の御礼状より

私たちの高校の生徒にも、勉強とは大学に合格するためだけのもので、所詮《しょせん》意味のない、つまらないものだという考えがそれなりにあるように思います。また、そういった考えから、受験に必要の無い科目は勉強しなくてもよいという風潮が少なからず出てきているようにも感じます。そして僕は、このような考えや風潮が、佐藤様のおっしゃった反知性主義を生み出しているように感じました。僕なりの解釈で言うと、社会的なステータスの向上のための道具としてしか知というものを見ていないので、知を背景にした権威主義を生み出してしまうということでしょうか。

権威が必要なときもあるというお話もありましたように、かなり難しい問題であるとは思いますが、佐藤様のお話を聞いて、この問題に関して、僕たちは常に考えなければいけないと感じました。今後は、実際に世の中に影響を与えるために、「博識」ではなく「総合知」の獲得をめざして、日本のみならず、アメリカやヨーロッパも視野にいれながら、勉強していきたいと思います。

二年　N・Hくん

戦争はいつ起きるのか

２０１４年４月５日

エリートとしての問題意識

生徒 まず、日本人として生きていく上で、第二次世界大戦などに対してどういう歴史認識を持って生きるべきかをお伺いしたいんです。というのは、最近は百田尚樹《ひゃくたなおき》さんをはじめ、さまざまな方がこれまでの日本の歴史観は自虐史観《じぎゃくしかん》であると批判していて……。

佐藤 あなた自身はどう思う?

生徒 自虐史観とはあんまり思っていません。佐藤さんの『日米開戦の真実—大川周明著「米英東亜侵略史」を読み解く』で読んだ「東アジアに新秩序を建設しようとする日本と、東アジアを侵略しようとする米英が衝突するのは不可避」という大川周明《*おおかわしゅうめい》の分析は確かに合理的ではあるけれど、実際のところ、日本は大東亜共栄圏というよりは石油資源が欲しくてあの戦争に手を出したというイメージがあるので、日本が悪いというのは、ある程度事実だと思っています。

佐藤 その理解でいいです。

生徒 二つ目はいわゆるオシント*からどうやって裏を読みとるか、情報の見方について伺いたいのです。本音の部分を見抜くためには、もちろん人間関係、ヒューミント*

がないと見抜けないのかもしれませんが、ヒューミントがなくても、できる限り見抜くにはどうしたらいいか。たとえば国家や、国のリーダーたちがどういう考え方をしているのかという、基本的な行動原理みたいなことを伺いたいなと思っています。

佐藤　了解。

生徒　三つ目は僕らの中でも将来の職業選択に迷っている人がいます。そこで、官僚も政治家も検察も裁判官も間近で見てきた佐藤さんに、日本という国家組織の中でどういうところが今悪いのか、日本を良くしたいと思うならどこに行けば日本を変えていけるのかをお聞きしたいと思います。官僚には雑務が多いイメージがあるんですけど、実際に北方領土交渉などで高度な政治決定に関われるようになるには、何が必要

大川周明　思想家（一八八六—一九五七）。一九四二年、日米開戦直後にＮＨＫラジオで開戦の経緯を分析した連続講演を『米英東亜侵略史』にまとめ、当時ベストセラーとなった。戦後、Ａ級戦犯容疑で逮捕されるも精神障害を理由に免訴。

オシント　Open Source Intelligence の略。新聞、雑誌、ウェブといったメディアや政府刊行物等の公開情報による分析手法。

ヒューミント　Human Intelligence の略。人的ネットワークから入手した情報による分析手法。

なのかということにも興味があります。
大きく分けて以上の三点です。
佐藤　この三つの問題は全部関連しているよね。
生徒　そうですか。
佐藤　要するにエリートとしての歴史認識、エリートとしての情報のつかみ方、エリートとしての職業選択、そういったことに皆さんが関心を持っていることがわかる。そしてそれは正しい問題意識だ。皆さんの場合、日本の偏差値競争において、すでにトップ〇・一パーセント以内に入っている。これは去年来た人たちにも言ったことだけども、学校の勉強をきちんとやっている限り、皆さんの中からスッテンテンに人生からこぼれ落ちる人間はたぶん出てこない。じゃあ、ぶっちぎりのエリートが何人出てくるか、そこが問題なんだよね。

大英帝国の歴史教科書

佐藤　歴史認識という話が出たので、こんなものを見せるよ。これはイギリスの小学校六年から中学校二年生に相当する、すなわち義務教育に相当する生徒たちが使う歴史の教科書なんです。表紙に何て書いてある？　訳してみて。

生徒　「帝国の衝撃」？

佐藤　うん、帝国の衝撃だね。その上に「THIS IS HISTORY!」とあって、たしかに一般的な歴史の教科書みたいだけど、通史《つうし》が綴《つづ》られているわけではないんだ。帝国の衝撃というテーマに沿って書かれている。目次のここを訳してみて。

生徒　「帝国の終わり。一九四七年、英国にインド統治を諦《あきら》めさせたものは何か？」。

佐藤　その下に「マウントバッテン卿《きょう》」とある。マウントバッテン卿って何をやった人？　インド総督だよね。その人にどうしろと書いてある？

生徒　「インド独立を認めさせるように手紙を書きなさい」。

佐藤　そう、それが課題なわけ。通史ではなく、大英帝国の歴史上のターニングポイントに関する問題を生徒たちに考えさせているわけ。その過程で必然的に細かいデータもたくさん学ぶしね。そうやって歴史を押さえていくという方法で子供たちを教育している。

たとえばイギリスはピルグリム・ファーザーズ*が到達する以前にも北米にコロニー

ピルグリム・ファーザーズ　一七世紀、英国国教会の弾圧を逃れ、信仰の自由を求めアメリカに渡った清教徒の一団のこと。

を作って、撤退を余儀なくされているんだけど、なぜその時は植民地化に失敗したのか。そんな議論などもやる。日本だったら、東條英機《とうじょうひでき》首相に戦争をやめるよう説得する手紙を書きなさいとか、そんな章を作って勉強させているってことだ。

そして教科書の終わりには、「この教科書を批判しなさい」と書いてある。それで六人の子供が出てくるよね。彼らはどういう視点から批判しているか読んでみて。

生徒「なぜ、ゴードン将軍やセシル・ローズなどのイギリス帝国の英雄に言及していないのか」。

佐藤　あるいは？

生徒「なぜ、統治された人々の視点で、少なくとも一章ぶんを割いていないのか」。

佐藤　そしてまた？

生徒「ほとんどは男性についてで、なぜ、女性の視点から書かれていないのか」。

佐藤　いわゆる英雄史観、被抑圧者《ひよくあっしゃ》の視点、ジェンダーの視点、そういった見方がこの教科書には欠けているんじゃないかと指摘しているわけね。さらに、なぜこの教科書では、そういう見方に立っていないのかということも議論させ、考えさせる。

これ、英語の難易度だけを見れば、灘高の一年生なら楽々読めるレベルだよね。しかし英語を母語とするイギリスの小学校六年から中学二年くらいの人たちがこれを使っている。ということは？　英語自体は簡単だけれども、内容は明らかにエリートを養成するための教科書だっていうことなんだ。

一番最初のページにイギリスの普通の街角の絵が出てきます。スパイスのお店があって、旅行会社があって、博物館があって、銀行があって、肉屋さんがあって、いろんな人たちが歩いている。「この中で大英帝国の遺産と思われるものはどれか、皆さん分かりますか」と聞いてくるわけね。そして最後、議論を全部し終わったページに、また同じ街角の絵が出てくる。「この教科書で歴史を勉強した後なら、この絵の中にどれだけの大英帝国の遺産があるか、もう分かりますね」と。

われわれは好むと好まざるにかかわらず、大英帝国の後継者である。だから宗主国《そうしゅこく》としての責任もある。植民地では悪いことも散々やってきた。しかし文明を前へ前へと進めていったのがわれわれであることもまた事実である。歴史というのはいくつもの見方があるんだと、そういうことを勉強させる教科書なわけです。

そうすると、さっき出た歴史認識に関する質問への答えというのは、人によって、立場によって、いろいろと違ってくるということだよね。

日本の負うべき責任

佐藤　私自身が日本の歴史をどう見ているかというと、この教科書の立場と非常に近い。

まず、〈自虐史観か他虐史観か〉という極端な二元論《にげんろん》は乗り越えなくてはならない。その上で、日本もやっぱり大日本帝国の後継国であるから、朝鮮半島、中国との関係においては、旧宗主国としての責任はすごくある。それだから多少の無理があっても、かつて植民地化した国との関係は、その他の国々との関係とは違うものにせざるを得ない。

たとえばイギリスは、パキスタン、バングラデシュ、インド、ネパールの人たちがイギリスの市民権を取りやすいようにしています。イギリスへの入国審査もずっと簡単なんです。空港でも英連邦に属する国々「コモンウェルス」の人たちには専用の入口があるからね。イギリスはそういう形でも宗主国の責任を取っているわけ。と同時に、そういう形で宗主国のネットワークを今でも維持しているのです。

だから今、いたずらに韓国や中国との関係を緊張させることは、日本の政治的・経済的な利益にならない。さらに言えば、旧宗主国・旧帝国であった日本にとって、マイナスに働くんじゃないかなと思っている。個人的には、日本はこれから再び、別の形での帝国になっていくんじゃないかとも思っているけどね。

『日米開戦の真実―大川周明著「米英東亜侵略史」を読み解く』では、右翼の指導者として、また東京裁判のA級戦犯としての大川周明を取り上げることによって、あの戦争にはそれなりに大義はあったのだけれども、負けるべくして負ける戦争であったと、そこのところを描いたつもりなんだ。もう少し右翼にいる人たちを意識して書いたものでは、『日本国家の神髄―禁書「国体の本義」を読み解く』という本があって、そこでは『国体の本義』という当時の文部省教学局の刊行したイデオロギー文章の読み解きをした。私はいろんな形で、イタズラみたいな仕掛けの本を書いていますが、結局言いたいことは、あなたが今考えている歴史観とあんまり変わらないと思う。

基本は徹底暗記。ロシアの教育

佐藤　そこの本棚に『ロシアの歴史』という本がある。ロシアの小学校六年生から中学校三年生までが使う教科書全四冊を二冊に分けて翻訳したものです。このロシアの教科書は、率直に言って日本の標準的な大学の一般教養レベルです。日本の大学一、二年生のレベルが大体ロシアの中学生のレベル。

それでロシアの場合は、授業といったらすなわち全部暗記なんですよ。とにかく高等教育までは全部受け身。暗記させることしかしない。暗記したことを正確に復元させるのがロシアの教育法です。

生徒　ロシアの小中レベルが日本の大学教養レベルに対応するという、その差の理由は何なんですか？

佐藤　日本の教育が戦前と比べてもあまり暗記を重視しなくなって、生徒の知識量を下げてしまったことが一つ。加えて、ロシアはもともと丁寧に知識を詰め込むタイプの教育をしていたのだけど、プーチン政権になってからはさらに歴史と国語と数学教育は人材の育成のために必要だからということで相当重点的にやっている。その両方の要因が合わさった結果だと思う。

海外で分かる日本教育の弱点

佐藤　では、そんな日本人がロシアの大学に行ったらどんなギャップが生じるだろうか？

ロシアの最高難関大学はモスクワ国立大学＊（ＭＧＵ）です。ここの経済学部はもともとマルクス経済学の拠点だから、いわゆる新古典派的なものはあんまり強くない。そこでロシアはロンドンのビジネススクールとタイアップして、高等経済大学という国立大学を作った。そこが今、ロシアで一番レベルの高い経済学をやっている教育機関なんだけれども、日本から外務省の研修生を二人送り出したら二人とも退学になった。なぜか？　成績不良で。

この話は私の愛国心をいたく刺激しまして、日本の外務省の研修生が意地悪をされているんじゃないかと疑った。それで、高等経済大学の学長がたまたま知り合いだったので、どうして彼らが退学になったのか理由を聞きに行った。「なぜだ。彼らのロシア語がうまくないからか？」と。そうしたら三つの問題を指摘された。

まず一番の問題は数学。偏微分になると日本人研修生は全然理解できなかったと言うんです。それから線形代数《せんけいだいすう》も理解できない。「日本で経済学の修士を取った人たちが、なぜ分からないのか？」と逆に聞かれたよね。実際に偏微分、線形代数は今、高校段階のカリキュラムに入っていないでしょ。やらなくても経済学部に行ける。その辺がまさに日本の教育のウィークポイントなんです。

新古典派　主流派経済学とも呼ばれる経済学派。需要と供給の一致が自由競争市場において実現する（「神の見えざる手」）と唱えたアダム・スミスの思想を理論化し、現代経済理論の主流となった。

皆さんたちのような伝統的エリート校はきちんと数学をやらせるからいいのだけれども、新設校なんかだと大学の合格者実績を上げるために早い時期から数学を捨てさせて、早稲田や慶応、上智あたりの数学の試験がない私立文系に狙《ねら》いを定めさせるところがある。だから下手をすると中学段階の数学でつまずいている生徒がいたりするんです。それで大学に入ったら、今、日本の大学院の試験は大学入試より圧倒的に易《やさ》しいから、そのまま経済学の修士号くらい取れちゃうわけ。中学校レベルの数学力もない人がだよ？

さらに言うと、外交官試験も数学の要素がほとんどないし、国家公務員試験も似たようなものだから、外務省だの財務省だの経産省だのにも、そんな人たちがスーッと入ってきちゃう。それが日本のエリートの実態なんです。これ、財務省でも深刻な問題になっています。だってもちろん、こんなの国際的には通用しないわけで、留学したときに初めて彼らのボロが明らかになるんだね。

二番目の問題は論理。たとえば慰安婦問題についてディベートするとき、Aチームは「慰安婦なんていなかったんだ」という立場で議論を組み立てなさい。Bチームは「慰安婦はいたし、しかも強制連行だった。日本軍はとんでもないことをしたんだ」という立場で議論を組み立てなさい。論理学ではこんな授業がある。そこでは、どちら側に立つかをあらかじめ決めて、どんなデータを集めると、より説得力のある論陣が張れるかを生徒は考えなくてはいけない。そして先生は「あなたの言っていることを裏付けるのに、このデータでは不十分である」とか、「データは正しいけれども論理展開がおかしい」という観点でジャッジしていく。

このディベートをやるときの基本になるのが論理なんだ。と言っても、そんなに難しいことではなくて、一番根っこにあるのはアリストテレスの論理学ですよ。でも、これも日本の教育では欠けている部分だね。

ちなみに参考書としては、東京大学教授の野矢茂樹《のやしげき》さんの『論理学』がいい。でも、この本に出てくる論理記号が分かりにくい、面倒くさいということならば、やはり野矢さんの『論理トレーニング101題』。この本の問題をやっておくと論理の力がつきます。

それから三番目の問題は哲学史。今起きている出来事や人間のものの考え方には大抵、思考の鋳型《いがた》があるんです。ほとんどはその反復現象だからね。人類がどんな思考の組み立てや論理の組み立てをしてきたのか、その歴史を知らなければ、どこまでが過去の考え方と似ていて、どこからがどう違っているのかは理解できないよね。そうした意味での哲学史の知識がない。

この三つが欠けているから、外務省から送り出した二人の研修生は、単位を取得することができなかったんだと説明されました。

生徒　おっしゃる通り、おそらく偏微分も線形代数も、文系選択になると教科に入ってこないと思いますが、その場合どうしたらいいんでしょうか。

佐藤　大学の教養課程に数学の講義があるから、それを履修《りしゅう》することです。

実はアメリカだって文系の数学はすごくレベルが低い。数学力の低下というのは日本だけでなく、国際的な問題なんだよね。その中でインドやロシアは国家戦略的に数学力を上げてきている。

ただ、今、皆さんのいる段階においては、極度な背伸びをする必要はない。学校でやっていることを信頼していれば大丈夫。とにかく与えられることをきちんと消化していくこと。超エリート校の先生たちはできる生徒に教えるわけだから、ある意味では楽なんだけど、一方で生徒に舐《な》められないよう必死になって教材研究をしているはずです。みんなの前では、そんなこと一切顔に出さないだろうけどね。だからその点に関しては学校や先生を信頼していい。

それから、文系の人も「僕は文系だから数Ⅲはいらないんだ」って発想は持たないでね。大学入試ではいらないかもしれないけども、人生においてどこかで必要になるんだという感覚を頭の片隅で持っていれば、そんなにおかしなことにはならないはずだから。

情報は事実・認識・評価

佐藤　さて、情報はどういうふうにして収集・分析するかという質問がありましたが、将来、検察官あるいは弁護士、裁判官など法律に関わる人の場合は、情報を扱う際に、事実・認識・評価の三つをはっきり区別することが必要とされます。

たとえば、今ニュースになっている元ボクサーの袴田巌《はかまだいわお》さん*の事件。あれは〈事実〉が問題になっているわけだよね。要するに袴田さんが人を殺したのか殺していないのか、事実関係を巡《めぐ》る争いだ。

袴田巌さんの事件　一九六六年に静岡県清水市で起きた強盗殺人放火事件の犯人として袴田さんが逮捕され、死刑判決を受けた。しかし、自白を強要されたとして冤罪《えんざい》を訴え、静岡地方裁判所が二〇一四年に死刑及び拘置の執行停止と裁判の再審を命じる決定を出した。その後、二〇一八年に東京高等裁判所が地裁決定を取り消し、再審請求を棄却した。袴田氏側は最高裁判所に特別抗告中。

それに対して猪瀬直樹《いのせなおき》前東京都知事の場合は、事実を巡って争ってはいない。徳洲会《とくしゅうかい》から五〇〇〇万円というお金が猪瀬さんのところに渡ったということは双方認めている。だからこれは〈認識〉の問題です。

猪瀬さんは当初、「これはあくまでも個人的な借り入れという認識です」と表明していた。それに対して検察庁は「選挙資金に使うために借り入れたんだろう」という認識なわけで、この件は認識の違いを巡る騒動だということになります。

この件は略式裁判になって、結局、検察側と猪瀬さんが互いの主張を認め合って双方の認識が一致した。となると、そこから導き出される〈評価〉も一致することになる。すなわちこれは公職選挙法違反ですね、だから罰金を納めてくださいという形で決着した。

ちなみに私の場合は偽計業務妨害と背任、二つの容疑で逮捕されました。テルアビブで国際学会があって、私がそこへ日本の学者たちを送るために主導的な役割を果たし、外務省の外郭《がいかく》団体である支援委員会というところからお金を出した。これは〈事実〉。そこにおいては争っていない。

じゃあ〈認識〉。私は全く適正な手続きに基づいて、しかも上司の決裁ももらった上で適切な行動をしたと、こういう認識だ。しかし、それに対する向う側の認識は、面白いことに検察庁と外務省で違うものだったんだよね。

検察庁としては、支援委員会の支出は本来、旧ソ連諸国に対してのみ行われるもので、イスラエルに対してはできないと決まっているのだから、支援委員会の金を使ってイスラエルへ人を送るのは違法であり、協定に違反している。佐藤はそれを分かった上で決裁書を作り、外務省もそれを決裁した。だから違法なことが行われているという認識を外務省も共有していたはずだ。けれどもこの件に関わっている鈴木宗男さんが怖いから、外務省は不正を知りつつサインをした。では、なぜ佐藤だけを起訴するのかというと、ほかの人たちは鈴木さんがあまりに怖くてイヤイヤやっただけだ。佐藤は積極的にやった。その違いだ——というのが検察庁の認識です。

それに対して外務省は、この決裁書に書かれてある内容が事実ならば決裁には問題がない。合法である。しかし、実際には決裁書の内容に虚偽があり、その内容についてわれわれは知らなかった。外務省も佐藤の被害者である、という認識。

これで検察と外務省の間で大変な論争になっちゃった（一同笑）。検察が外務省に対して、「いやいや佐藤は正直な人間で、この決裁書に書いてあることは真実なんだ」と一所懸命立証するっていう事態になった。それで結局、裁判所は検察と同じ〈評価〉をし、私の有罪が確定した。

外務省が私を処分しなかった理由

佐藤　ところが、有罪が確定したのに外務省は私を処分しませんでした。でもそれは、外務省が恩情をかけたということじゃない。なぜか？　外務省にしてみれば、この検察庁の論理を認めることは、条約の*有権解釈が裁判所あるいは検察にあると認めることになる。これは外務官僚には絶対に許せないことなんだ。

　要するに、条約解釈は外務省の聖域であり、誰も手出しできないことは外務省設置法の中にも書かれているんだ、と。でも、もし今回の判決を認めることになれば、裁判所が「日米安保条約は違法です」、あるいは「集団的自衛権に関する日米安保条約と地位協定の解釈は憲法違反です」と判断したら、外務省はそれに従わなければいけないことになる。裁判所は、国際法と国内法の基本的な違いを分かっていないじゃないかと、外務省とすれば、こういう理屈なんだね。

　いま、国際法と国内法の違いという話が出てきたね。これについては三つの考え方がある。まず主流の考え方は国際法優位の一元論。それから国内法優位の一元論。三つ目は国際法と国内法は究極的には交わらないという二元論。

　通常は国際法優位の一元論か、あるいは二元論で行くんだけども、佐藤の事件への判決は、国内法優位の一元論じゃないか。それは外交の本体に影響を与えるから外務省は認めないと。そうすると判決自体を承服できないわけだから、私の処分もできないことになる。

それで私をどうしたか？　外務省は「……とは言うものの、こいつにいつまでも暴れられても困るしな」と思っていたら、国家公務員法にちょうどいい条項があることに気づいた。「禁錮《きんこ》以上の刑が確定した者は自然失職する」。だから二〇〇九年に禁錮以上の刑が確定した時点で、私は「はい、失職です」と、こうなったわけ。

有罪が確定したことで、私はその支援委員会に三三〇〇万円の損害を与えたと認定された。支援委員会は外務省が全額出資している関連団体なのだから、本来なら国民の税金から三三〇〇万円が失われたということで、外務省は私に対して「三三〇〇万円払え」と行政訴訟しないといけない。ところが、しなかったんだよね。行政訴訟を起こすと立証の過程で自分たちが証人として呼び出されるでしょ。それがイヤだったわけです。

こういういろんなカラクリのせいで、外から見ると不思議なことが起きました。な

有権解釈　法律や条約に対して権限のある公的機関が行う解釈。その解釈は拘束力を持つ。

ぜ佐藤はクビにならないんだ？　なぜ外務省は三三〇〇万円の賠償請求を佐藤にしないんだ？　当然、みんなそう思った。外務省独自の〈認識〉と〈評価〉が、いかに一般社会とかけ離れているかということがよく分かる実例でした。

オシントには経験が欠かせない

佐藤　それでオシントに関してだけど、オープンソースからいろんな情報を集めること、これは誰にでもできます。しかし、それをどう〈認識〉してどう〈評価〉するかとなると、一筋縄ではいかない。

生徒　オシントだけで分析するのは、ほぼ不可能ということですか。

佐藤　というか、オシントから真実の姿をつかむためには実体験も必要になってくる。たとえば、政治エリートはこういう思考をするだろう、ロシア人はこういうことを考えるだろうという行動原理を知るためには、実際にその世界で仕事をした経験がないと難しい。

生徒　それは本とかを通じて得るのは無理なんですか？

佐藤　本を通じて得られることはもちろんあるし、その世界にいた人の話を聞いて分かることもあるよ。けれども、やはり限界がある。私もごく限られた分野しか知らないけれど、それでも霞が関、永田町で政治家と付き合うことで、ある用語がどういうニュアンスで使われるか、ある状況が一体何を意味するのかといったような、言葉では説明できない知識をずいぶん蓄《たくわ》えた。それがあるから初めて理解できる首脳や政治家の行動原理って、やっぱりあるんだよね。

生徒　佐藤さんの本に、普通なら自宅に友人を招かないようなロシアの人からも、信頼を獲得すれば招いてもらえるというエピソードがあったんですが、ヒューミントにおいて信頼関係を作るときに、佐藤さんが他の人に比べて優れていた理由は何だと思いますか。

佐藤　他の人に比べてというのは分からないけれども、基本的には二つのことを大切にすればいい。一つは〈約束を守る〉こと。もう一つは、〈できない約束をしない〉こと。この二つを守るのは意外と大変なんですよ。特に日本では、できないことを軽々《けいけい》に約束する人がけっこういるからね。

たとえば北朝鮮の拉致《らち》被害者を二週間だけ日本に帰国させてください、その後で北朝鮮に返しますなんていう約束は、できないんだったら、初めからしてはいけないんですよ。常識的に考えれば、国内世論が沸騰《ふっとう》して彼らを北朝鮮に返すことができなくなるのは分かるはずでしょう。

それをもし約束してしまった以上は、最後までちゃんと守ること。最低限、自分のクビは賭《か》けなければいけない。約束したけれども守れなかったから、私はこの職を辞《や》めますという形で示せば、少なくとも、「日本人は自分の職を賭《と》してわれわれと約束を結ぶんだ」という印象は残せる。

だから皆さん、国際的な活動をするときや、ビジネスパーソンとして相手と交渉する場合にも、約束をしたら守る。できないことは約束しない。これは基本的にはさっきの論理学の世界の話です。理屈でものごとが成り立っている世界だから、契約とか約束が出てくるわけだよね。

われわれの東洋的な特徴というか、非西洋的な世界の問題点は〈翻訳《ほんやく》をしない〉ことだと、愛知県立大准《じゅん》教授の與那覇潤《よなはじゅん》さんが指摘しています。彼は日本近現代史が専門で、まだ三〇代ですが非常に優れた学者です。『中国化する日本―日中「文明の衝突」一千年史』という本が売れたので、そのことばかり話題になるんだけれども、本当は彼の博士論文が面白い。岩波書店から『翻訳の政治学―近代東アジア世界の形成と日琉関係の変容』というタイトルで出ています。

たとえば朝鮮通信使*が日本に来ていたのは、朝鮮が日本に朝貢《ちょうこう》していたからだとわれわれは理解しているでしょ。でも、朝鮮通信使は「巡察《じゅんさつ》」という旗を掲げていたの。

生徒　巡察？

佐藤　辺境の様子を知るために見回ること。つまり、李氏《りし》朝鮮は自分たちが中心で日本が辺境であると考えていたし、われわれは日本が中心で朝鮮が辺境であると考えた。それを双方が翻訳しないままでも何とかなっていた。だけど近代になって翻訳の必要が生じてきて、それによっていろんな混乱も生じてきたんだと、こういう議論を展開していて非常に面白い本です。

一般社会と政界は原理が違う

佐藤　じゃあ、今の日本の問題は何かという質問について考えてみようか。

東京大学の法学部をトップで卒業したら、そのまま首相になれるか、政界の中で力をつけることができるかといったら、そうじゃないよね。だって今の総理大臣と官房長官は、通っていた学校の偏差値で言ったら五〇台前半くらいの人たちだ。

となると今の日本の状況から考えて、彼らは普通の民間企業に就職したならば、お

朝鮮通信使　室町から江戸時代、朝鮮国王から日本に派遣された外交使節団。徳川将軍の代替わりなどの際に江戸城まで往来した。

そらく年収五〇〇万円に届かないような地位にいる人たちということになる。学歴やキャリアが大きく影響する一般社会とは違う原理が、政府首脳たちのいる世界では働いていることが分かります。

去年も話したことだけど、ひと昔前まではエリート高校出身の人間って選挙へ打って出るには非常に不利だったんですよ。商業高校や工業高校、偏差値が五〇台半ば以下の高校のほうが圧倒的に有利なんです。どうして？　そういう学校は自分たちの仲間の中からぜひ代表を送りたいと、同窓会ネットワークの結束が固いんだよね。ところが皆さんたちにとっては、同窓生が選挙に出ようと「別に」って感じでしょ。自分たちの仲間を送り出すことによって、なにか母校のためにプラスになるわけでもないし、汚職でもやって学校の名前に傷をつけたりしないといいけどな、くらいの眼で見ている。それでは応援活動につながらない。

「俺の言うとおりにやれ！」

佐藤　とすると、ここですごく深刻な問題が出てくるよね。エリートによる国家の運営と、いわゆる民主主義的な選挙制度が、必ずしもうまくかみ合わないわけだ。

旧来の自民党政権のときは、うまくごまかしていた。内閣総理大臣は「選挙を通じて選ばれた内閣総理大臣」の顔と「資格試験を合格してきた官僚の指揮命令をする最高責任者」の顔、二つの顔を持つわけだけれど、エリート官僚は政治家に日本の舵取《かじと》りを任せたら国が沈没すると真剣に思っているから、政治家に口出しをさせない。それでこれまでは「名目的な権力者は総理大臣、実質的な権力者は官僚」という形で、使い分けながらうまくやって来た。

でも今、その使い分けがうまく機能しなくなった。

生徒　それはどういうことでしょう。

佐藤　安倍さんの持つ反知性主義が日本を動かし始めているから。反知性主義は必ず決断主義という形で現れてくる。

生徒　決断主義？

佐藤　実証性や客観性を無視して、とにかく決められる政治が強い政治なんだ、という発想です。つまり「細かいことはいいから、俺の言うとおりにやれ！」ということ。

たとえば、憲法改正をめぐる問題。安倍さんは、各議院の総議員の三分の二以上の賛成と、国民投票で過半数以上の賛成がなければ憲法改正ができないと規定した憲法九六条は改正する必要があると、何度も熱心に言っていたよね。でも、えらくあっさり引っ込めちゃった。その代わりに今度は何をやろうとしている？

生徒　解釈改憲ですか？

佐藤　そう。九条の解釈改憲をやって九条を無力化しようとしている。ポイントになっているのは集団的自衛権だよ。集団的自衛権を行使したいがために言い出したわけだけれど、しかし今議論しているのは現行憲法で限定された条件下での集団的自衛権でしょ。それは本来の集団的自衛権に当てはまるかな？　憲法の縛りがある状況での集団的自衛権は、個別的自衛権になるよね。それは論理が崩れているよね。しかし、安倍総理は論理が崩れていることに気づかない。

これは与党だけじゃなくて、野党だってそうだよ。昨年、特定秘密保護法が公布されたよね。野党は特定秘密保護法は治安維持法の再来だと主張するのだけれど、この議論をどう思う？

生徒　それは違うと、佐藤さんはラジオでおっしゃっていました。

佐藤　そう、まったく違う。治安維持法の目的は日本の社会体制を変革しようとする特定の団体を押さえ込むことだった。強いて言えば、現在の破壊活動防止法が近い。一方、特定秘密保護法は国家機密を官僚が独占するための法律です。戦前で言うならば、軍機保護法や国防保安法に近い。適性評価というものがあって、適性評価を受けた人しか特定秘密を扱うことができない。しかも、政治家は適性評価を受ける対象にならないので、法案成立に奔走した政治家自身が特定秘密から締め出されることになる。けれど、この論理が彼らにはまったく分かっていない。これも論理力が欠如している結果です。

論理力をつけよう

佐藤　ちなみに治安維持法と同時に行われたことは何か知っている？

生徒　男子普通選挙法です。

佐藤　そのとおり。戦前、男子普通選挙法が施行された時、もし共産党が選挙に勝って権力を取った場合には、国体変更で天皇が排除されるかもしれない――そんな議論にもなりました。

じゃあ、その天皇に関する議論をしてみようね。

たとえば天皇制を廃止するなどして皇室をなくし、天皇が普通の市民になるという仮説で考えてみよう。そうなると、一般市民になった天皇を党首とした政党を作ることができるわけだよね。それでもし帝国憲法への復帰を謳《うた》う王政復古《おうせいふっこ》党なんて政党を

解釈改憲　憲法改正の手続きをせず、従来の条文の解釈を変えることで運用内容を変更すること。

作って、その政党が議席の三分の二を取ったとしたらどうなるだろうか?
突き詰めて考えていくと憲法改正の限界をどこで見るかとか、またいろんな議論が出てくるんだけれど、しかし論理の訓練をするために、こんなことを考えてみるのも面白い。

つい最近読んだ『未完の憲法』という本があります。まだ三〇代半ばで首都大学東京の准教授をやっている木村草太《きむらそうた》さんと、治安維持法や表現の自由の研究で有名な東大名誉教授の奥平康弘《おくだいらやすひろ》さんという二人の憲法学者が対談しています。版元は潮《うしお》出版社、ここは創価学会《そうかがっかい》系の出版社だね。今このタイミングで、非常に強い形での護憲論《ごけんろん》を打ち出す本がこの版元から出版されたのは、政治的に大きな意味があると思う。いま言った天皇に関する仮説は、ここに出てくる木村さんの発言を引用、発展させたものです。

「いまの天皇制については、『かりに天皇制を廃止してしまったら、かえって天皇の権力が強くなる』ということがよく指摘されていますね。たとえば、天皇が一民間人になったとしたら、そのときに『天皇党』のような政党を作ったり、既成政党を公然と支持することもできるようになるわけです。民間人のそのような行動を禁ずる法律はないですからね。かりに、民間人となった天皇が総選挙で『私は自民党を支持します』と公言したとしたら、そのことがどの程度の影響力をもつのか、まったく予測不可能です。天皇制を是としない政治勢力にとっても、そのほうがよほど怖いのではないでしょうか」と木村さんは言っている。こういう発想はやっぱり、独自の視点を持ち、自分の頭で思考する訓練をしている人からしか出てこないものです。

木村さんは、東大ですごく優秀な学生だったんだと思う。東大法学部では本当に優秀な学生は大学院へ上げません。この人は将来の教授だと決めると、すぐ助手に採用しちゃう。それも雑用をさせるような助手じゃなくて、きちんと博士論文を書いて、教授の講義の手伝いをしなさいという形でレールを敷いてあげる。一種のエリート育成法で、何年かに一人ぐらい、そういう例がある。僕なんかの世代だと法政大学教授の山口二郎《やまぐちじろう》さんがそうだし、若い世代だとこの木村さんがそう。

今、日本の大学院は地道にキャリアを積んでいる人が報《むく》われず、下手をするとその状態で足踏みすること一〇年は当たり前みたいなことになっていて、空気が澱《よど》んでいる。その中で東大は、こいつはちゃんと伸ばさないといけないという人材に関しては、余計なストレスは与えないよう配慮していますね。

「理系の時代」の真実

佐藤　皆さんはこれから大学進学へ向けて、文系か理系かを選択することになりますよね。それに関しては、楕円《だえん》をイメージすればいいと思う。つまり、文か理のどちらかしかやらないということではなく、文理両方の焦点を持ち、その上でどちらかにより軸足を置くというふうに考えたほうがいい。

昨年も言いましたが、日本ではエリートという言葉は正しい意味じゃなくて、なんだかイヤなニュアンスを持たされているけど、エリートってどの社会にもいるし、必要なものだ。そしてエリートは文理両方を知らないといけない。ただし、学問の分野はものすごく細分化されているから、どちらの方向により詳しいかっていう偏《かたよ》りは出てくるけどね。

最近いろんな雑誌の特集やなんかで、これからは理系社長が多くなるとか、理系エリートの時代だってことになっているけど、そこで取り上げられる人たちは理科系の仕事で大きな業績を残した人ではないからね。むしろ、大学教育までは理科系だったというだけで、その後は別の選択をした人たちだから。どんなに理系エリートの時代になったと言われても、基本的に統治エリートは文系・人文系だから、そこは間違えないほうがいい。

理系から別の選択をした人たちでよくあるのは、たとえば高校段階まで数学が非常に得意だったから、理学部へ進んで数学をやろうと思った、なんてパターン。たいていは大学に入って早い段階で気がつくんだけど、理学部の数学科というのは東京芸大に近いところがある。数学には特別な才能が必要とされる。数学科には、いわゆる秀才型と違う天才型がいる。そういう天才型を何人か見ちゃうと、もうここにいてもあんまり意味ないなと考えて、全然違う方向に転換することはよくあります。

あるいは、これは私の外務省の先輩だけど、東大の理Ⅲに入って、さあ医学部へ進むという段階になってからハタと、おれは患者と話をするなんてイヤだし、解剖《かいぼう》もしたくないと気づいた人がいるのね（一同笑）。

「おれはなんで理Ⅲに来たんだろう？　そうか、成績が良かったからだ。周りから期待されて親を喜ばせようと思って、行き着いたのが理Ⅲだっただけだ」と気づいた。

それで彼は大学を中退して外交官になった。それは理Ⅲへ入る学力のある人だったら、どんな公務員試験だって受かるよ。でも外務省ではそんなに偉くならなかった。そもそも人と話をしたがらないし、タフ・ネゴシエーターでもない。だから外務省ではハジパイの課長しかやらなかった。

生徒　ハジパイって？

佐藤　出世に関係ないという意味。キャリアのゴールは新興の小さな国の大使だったけれど、本人は非常に幸せそうだった。読みたい本を読んで、家族を大切にして、静かに自分のテリトリーで仕事をするぶんには外務省は良い所だったと本人は考えていたと思う。けれど、僕らにしてみれば、その頭の回転の速さを外交のメインストリームで使ってもらえたら、国家にとってどんなにか有益だったろうと残念な気持ちがしていた。

いずれにしろ人間の適性は、早い段階では分からないことも多い。性急に決めつけないほうがいい。

生徒一同　うーん……。

佐藤　まあ最初から絞り込み過ぎないで、自分の知識に幅と余裕をもたせておくほうが得策ですよ。狭い知識と見識にとらわれず、もし間違えたなと思ったらすぐに軸足を移動できるようにね。

教養を身に着けるには

佐藤　でも、どうして近代になってこんなに受験勉強が大変になったんだろうね？

しかも皆さんがやっていることは基本的には専門教育じゃない。一般教養でしょ。

そのためになぜこれだけの時間をかけるかということについて、私が今まで読んだ中で最も説得力がある説明をしているのは、アーネスト・ゲルナーというイギリスの社会人類学者です。

ゲルナーは高いレベルでの文化を支えるためには、専門教育のレベルが低くなってくると言う。専門教育を受けた人間は応用が利《き》かないということで職業教育上、一段下に見られるようになる。だから、一般教養が必要だと言うわけ。

最近は盛んに「教養が必要だ、リベラルアーツが重要だ」と言われるよね。リベラルアーツのリベラルとは何？　自由人であるということだ。つまり、奴隷《どれい》ではないってことだ。自由人が身に着けるべきものが教養であるなら、すなわち、テクネー（技術）を持っているのは奴隷だということになる。そうなると、公認会計士試験の準備とか、司法試験の準備とか、国家医師試験の準備は、世間的にはエリートを作り出すためのシステムと思われているけれど、その実、テクネーにすぎないんじゃないか。そう世界が思い始めたことで、幅広い教養が必要なんだっていう考え方に回帰しているのかもしれない。

幅広い教養を身に着けていこうと思ったら、まず自らの意志を持つこと、それからいい先生を見つけること。いい先生というのは、もちろん能力があることと、やっぱり自分と相性が合うことが大切です。ある程度、面倒見のいい先生である必要もあると思う。これは大学に入った後の課題だけれども、ゼミを選んだり、指導教授を選んだりすることはすごく重要になってきます。

あとは切磋琢磨《せっさたくま》できるいい友だちを見つけること。皆さんの場合、この中学、高校で築いた人間関係は一生続いていくと思う。その一生続く人間関係の中でいろんな形で切磋琢磨し、お互いに教養を高めていけばいい。みんな基本的には競争は好きだよね。というか、競争をすることに慣れているよね。でも、お互いに潰《つぶ》し合うような形での競争はしないこと。この分野においては自分が勝《まさ》るけれども、別の分野においてはアイツに敵《かな》わないっていうあり方を認め、かつ自分を少し突き放して見る。そういう力を身に着けてください。そういった人間力は皆さんの人生で必ず重要になってくると思う。

インテリジェンスの二大派閥

佐藤　ここまでは最初に皆さんからもらった三つの質問に対して、あえて話を大きく広げ、複数の回答が導き出せるような答え方をしてみました。

別の質問でもいいけど他に何かあるかな？

生徒　情報に関してなんですが、日本は現状、インテリジェンスに従事する人材はどうやって育てているんですか。

佐藤　まず、広義のインテリジェンスは二つに分かれる。

一つはカウンター・インテリジェンス。これ、基本的には警察です。いわゆる警備公安警察というやつ。近年はテロ防止なんかも管轄《かんかつ》に入ってきたから、活動の範囲はどんどん広がっています。

それに対してポジティブ・インテリジェンスは積極的に情報を取ってくる活動で、いわゆるスパイ活動もここに入ります。これを専門に行う機関は日本には今のところない。人材の育成もこれからになる。ただ、外国の情報を取る必要は今までもあったから、それに近いことをやらされてきたのはどうしても外務省ということになる。

ポジティブ・インテリジェンスには必ずカバー（偽装）が必要になります。インテリジェンス機関の人間が「私は秘密情報機関の人間です」という名刺《めいし》を持って活動するわけにいかないでしょ。だから平時《へいじ》はだいたい外交官を装《よそお》うのです。どうして？　外交官にはウィーン条約による不逮捕特権があるから。情報機関の人間というのは、どこかの局面で必ず非合法なことをやる。だから、そのときに逮捕されないで済むというのは非常に重要なんです。でも今はインテリジェンス機関の人間も違法行為は必要最小限しかしないけどね。仕事でやっているわけだから。

それでこの二つのインテリジェンスはそれぞれ適性が違うんです。

カウンター・インテリジェンスは、どの国も警察がやるから、逮捕することができる。つまり国家権力が後ろについてる。そして「人を見たら泥棒と思え」の感覚でやらないといけない。

外国のスパイになっているんじゃないかという疑いをかけられずに済む一番いい方法は、外国人と接触しないことだよね。だから私も、外務省現役時代はロシア大使館にしょっちゅう行っていたし、大使館員とも毎週のように会っていたけれど、檻《おり》から出た後は、ロシア大使館の人と会ったことは二、三回しかない。それも大使から食事に招待されたり、絶対に断れない誘いを受けたときだけで、そのほかは一切会わないようにした。なぜかというと、接触したら必ず警察が見ているから。頻繁に会おうものなら、ずっと追いかけてくる。面倒くさい。

でも裏返して考えると、外国の人間と接触しないで重要な情報を取れると思う？絶対に取れないよ。

日本版ＮＳＣの目的は？

佐藤　ポジティブ・インテリジェンスで情報を取りにいく人というのは、仮に外交官のカバーをかぶっていたとしても、不逮捕特権が認められる程度で、自分自身が公権力を行使することはできない。外交官カバーを掛けないで新聞記者のカバーとか、商社員のカバーとか、学者のカバーでやっている連中もいるけど、そういうのは、いざとなったら逮捕されてしまう。相手国に潜り込んでその国の公権力の下で活動するということになれば、国家からの組織的な支援は受けられないし、人脈の作り方も警戒感の持ち方も全然違ってくるから、警察組織とはまったく別の文化になる。だからどの国でもカウンター・インテリジェンスとポジティブ・インテリジェンスって仲が悪いし、組織を分けるんですよ。

アメリカだとポジティブ・インテリジェンスはＣＩＡで、カウンター・インテリジェンスはＦＢＩだよね。

イギリスのポジティブ・インテリジェンスは「００７」シリーズで有名ないわゆるＭＩ６。言っておくけど、ＭＩ６っていう組織はないからね。本当はＳＩＳと言って秘密情報部ということになる。それに対して国内治安はいわゆるＭＩ５。ＭＩ５も本当はなくてこれは保安局のこと。

ロシアの場合は対外諜報庁《ちょうほうちょう》に対し、国内治安は連邦保安庁（ＦＳＢ）が受け持つ。

イスラエルの場合は有名なモサドに対して、国内はシャバク、もしくはシン・ベトと呼ばれる保安庁が担当する。

生徒　その中で日本版NSC（国家安全保障会議）は何をやろうとしているんですか。

佐藤　NSCはそれとは全く別。これは戦争をするかしないか決める機関です。だから本当は特定秘密保護法について議論する意味はないんだよね。特定秘密保護法は、NSCができれば当然セットでできるわけだから。なぜかというと、戦争をする可能性があるわけでしょ。すると国防秘密は当然守らないといけないでしょ。だから特定秘密保護法を戦前の日本に対応させるならば、一九三七年に抜本改正された軍機保護法、それから一九四一年にできた国防保安法、この二つの法律に相当するんです。

軍機保護法は、軍事技術の保護。国防保安法は、国家意思に関する情報の保護。その両方を合わせて行おうとしているのが今回の特定秘密保護法です。これは基本的には外事犯を対象にしたスパイ防止法であって、治安維持法とはまったく構成が違う。そしてNSCでは、そうした国防に関わる情報があることを前提として、戦争をするかしないかを決める。

そうなると、NSCの判断に必要な精度の高い情報を集めてくる必要があるよね。しかし情報はあっても情報に則《そく》さない判断をすることがあるし、情報がなくても判断しなきゃいけない局面もある。でも結局は今持っている情報の範囲でしか判断できないし、判断しないというのが国家の本性です。NSCのほかに対外情報機関があるに越したことはないけども、なければないなりにやろうとするでしょう。

インテリジェンス人材は大学院を狙え

佐藤　ただ、通常ものごとを根本的に変革するには、失敗から学ぶのが一番なんだ。NSCも、信頼に足る情報が集まらなくて一度失敗してみたら、二度と同じ間違いをしてはいけないぞということで、もっといいシステムに変わっていくかもしれない。でも怖いのは、NSCがそんな失敗をした場合は、もう日本という国家が崩壊しているかもしれないということだよね。

かと言って、今さまざまなところでなされている「インテリジェンスの力を強化しろ」という議論に関しては、私は全然フォローもしていない。ほとんどが警察主導か、全くの素人《しろうと》の見解です。現場感覚がある人間にとってはトンチンカンな話ばかりだからね。

生徒　佐藤さんご自身はどうやってインテリジェンス人材を養成すべきだと思いますか。

佐藤　本気でインテリジェンス能力を鍛えたかったら、やっぱり外務省を母体に強化していくのがいちばん早いだろうね。けれど外務省では限界があると思う。そのときはアカデミズムの世界からリクルートするのがいいと思うんだ。少なくとも大学院レベルの専門知識がある有望な人物に声をかけるのがいい。

さっきも言ったとおり、大学院は今、すごく空気が悪いからね。その中で鬱屈《うっくつ》している優秀な院生が必ずいるはずで、あまり性格がねじくれないうちに、こっちに来ませんかと声をかけて一本釣りしてくるのがベスト。

そのためには学生たちを呼び込むリクルーターとして、東京大学や京都大学、慶応大学あたりに、インテリジェンス機関から教授を送り込まないといけない。表向きは国際関係論とか安全保障論を専門に大学の先生をやっているんだけれど、実際の目的は生徒に「情報機関を受けてみたら」と勧めること。これは海外でよくあるパターンです。

イギリスでは、本当は秘密情報部の分析官なんだけれどもケンブリッジやオックスフォード、ロンドン大学で長年教授の身分を偽装していて、いまだ明らかになっていないという例がけっこうある。

また、アメリカは社会の流動性が高いから、ＣＩＡの職員から大学の先生になり、またCIAに戻ることが認められています。

サイバー最強国・北朝鮮

生徒　日本のサイバー・インテリジェンス能力はどうなんですか。
佐藤　サイバー・インテリジェンスに関しては、自衛隊のサイバー部門の責任者だった伊東寛《いとうひろし》さんという人が、祥伝社新書から『「第5の戦場」サイバー戦の脅威』という本を出しているから、それを読めば日本の水準はだいたい分かる。結論から言うと、日本はけっこう水準が高い。
　ただし問題はある。「専守防衛《せんしゅぼうえい》」で攻撃ができない。サイバーは攻撃を仕掛けないと、相手の反撃の仕方も探ることができない。それから日本にサイバーを一番仕掛けてくるのは北朝鮮と中国だけど、北朝鮮はサイバー戦にものすごく強いんだよ。どうしてだと思う?
生徒　そういう人材を育成しているからですか?
佐藤　それも一つだけど、要は防御が完璧《かんぺき》。日本は鉄道のダイヤグラムを組むのにコンピューターを導入しているけど、あちらはいまだに鉛筆で引いている。発電所だってコンピューターが入っていない。だからサイバーが侵入する余地がないわけ。

生徒一同　そうかあ！

佐藤　サイバー戦で一番強いのはコンピューターを使わないことだよね。だから防衛に関しては北朝鮮は鉄壁です。事実、「.kp」という北朝鮮に割り当てられるドメインはめったに見ないでしょう。朝鮮コンピューターセンターが運営している「ネナラ」、朝鮮中央通信と労働新聞（朝鮮労働党中央機関紙）のサイトくらいで、それ以外にはあまり見かけないよね。北朝鮮は政府も朝鮮労働党もホームページを持っていない。そんなふうに自分たちとは非対称な相手と戦うのはかなり大変なんですよ。

第一次世界大戦のインパクトとアメリカ

生徒　先ほどのNSCの話に戻るんですが、佐藤さんは戦争は実際に起こると思われますか。戦争にはすごいリスクが伴いますし、双方にとってさほどメリットがあるとは思えないんですけど。

佐藤　起こる可能性はあるんだよね。なぜかというと、一九一四年、サラエボで二人のセルビア人の民族主義者がオーストリアの皇太子夫妻を暗殺したことが、なぜあんな世界戦争に繋《つな》がったのか、いまだに学術的にはよく分かっていないくらいだから。

第二次世界大戦の原因はナチス・ドイツにあったということで、ほとんどの学者の意見は一致している。けれども第一次世界大戦がどうして始まったのかは、いまだアカデミズムの世界で大きな議論になっていて、結論はよく分からない。当時あの戦争が世界戦争に発展するとは誰も思っていなかった。しかも、もし暗殺した側を加害者、暗殺された側を被害者とするならば、被害者のほうが負けて国家を解体されちゃうという非常に不思議な結果になった。

だから戦争が起きるときの論理というのは、一般的な正義感や合理的な判断とは違うところにあるんじゃないか。第一次世界大戦の後、学術的な新しい思想がいろいろ出てくるのも、そのことと関係しています。

たとえば神学の世界だとカール・バルトの弁証法神学*。理論物理学だと一般相対性理論。量子力学やゲーデルの不完全性定理*が出てきたことも、第一次世界大戦のインパクトがものすごく関係している。文学・哲学の方では表現主義*とか、ハイデッガー

弁証法神学　それ以前のプロテスタント的自由主義神学に対抗して湧《わ》き起った神学運動。

不完全性定理　数学的な命題の中に、真か偽か証明不可能なものがあると証明し、論理の限界を示した。

表現主義　作者の主観や感情を作品に投影する表現方法。

の実存主義が出てきた。それは、人間は理性的な存在であるとか、啓蒙《けいもう》によって科学技術を発展させていけば人類は繁栄していくんだという考え方が、第一次世界大戦の現実によって全部叩《たた》き潰されてしまったからだよね。そして、その結果出てきたのがナチズムとファシズムだった。

ところが第二次世界大戦でそのナチズムを破ったのは、基本的にはアメリカの圧倒的な物量だった。第一次世界大戦のインパクトを直接感じていないアメリカの物量がナチズムを突破しちゃったことによって、第一次世界大戦以後のあの深刻な空気が実感として分からなくなってしまった。

第二次世界大戦後、世界にはまた啓蒙の思想が若干戻ってきた。というかエリートたちにとってはもともと啓蒙の思想のほうが主流だったと言える。そして今、世界はその遺産をほぼ使い果たしたのかもしれない。私は現代史をそんなふうに見ています。

近代の矛盾が凝縮するウクライナ

佐藤　今回のウクライナ紛争でポイントになるのは、西ウクライナのガリツィア地方というところです。

ここは一九四五年まで、ソ連もしくはロシア帝国の版図になったことは一度もない場所。古くはハプスブルク帝国、つまりオーストリア＝ハンガリー帝国の支配地で、第一次世界大戦後はポーランドに属していた。歴史的に反ロシア、ウクライナ独立運動の中心で、ここの人たちはウクライナ語をしゃべります。

ウクライナ人がウクライナ語をしゃべるのは当たり前じゃないかと思うかもしれないけれど、同じウクライナでもロシア帝国支配下におかれた地方は、一九世紀の徹底したロシア化政策によって、ウクライナ語での教育や出版が禁止され、ロシア語を話すんです。それに対してオーストリア＝ハンガリー帝国は多言語主義を採用して、少数民族の言語を尊重したので、ガリツィア地方ではウクライナ語が生き残った。中心都市のリボフではウクライナ語の新聞、雑誌、書籍も発行され、それゆえにガリツィア地方はウクライナ・ナショナリズムの大きな拠点になっている。

もう一つこの地方の特徴は、周囲がみんなロシア正教なのに、ここだけカトリック信者が圧倒的に多い。ところが今、皆さんがガリツィアに行ってカトリック教会の儀式を見ても、正教なのかカトリックなのか見分けがつかないと思う。それは「ユニエ

実存主義　キルケゴールやニーチェの流れを汲《く》み、「現にここに存在する自己」を主体に生の可能性や社会、世界を考える思想。

イト教会」という特殊なカトリック教会だから。なぜそうなったか。

宗教改革が起こったとき、ポーランドとチェコとハンガリーは、強力なプロテスタント軍によって席巻《せっけん》されました。中世の軍隊は基本、傭兵《ようへい》ばかりだったから規律が緩《ゆる》く、兵は状況を見て「負けそうだ」となったら逃走して、勝ちそうな陣営に加わるというのが、戦争のやり方だった。でもプロテスタント軍は、信仰に裏打ちされているから規律も厳しくて、また強いんだよね。

それを見たカトリックは、これは敵わんということでイエズス会を作った。イエズス会ってローマ教皇直轄の軍隊なんです。カトリックは伝統と規律の厳しさで徹底した訓練をできる組織だから、軍隊を作らせたらこれまた非常に強かった。カトリック軍はまずポーランドでプロテスタントを蹴散《けち》らした。チェコでも蹴散らし、スロバキアに進み、ハンガリーに入ってもまだ勢いがある。それで正教の世界だったウクライナにまで到達した。

でもウクライナで困ったことになった。正教の連中はどんなに脅《おど》しをかけても改宗しない。それで妥協案として東と西の教会を統一したユニエイト教会を作りましょうとなったわけです。儀式に関しては、「香《こう》を焚《た》いて〈イコン〉という聖画像を拝む、その正教のやり方を続けてもらって全く問題ないです」と。カトリック教会では神父は独身を通すけれど、正教は下級司祭の結婚を許している。これも「そのままで結構です」と。

ただカトリックが断固譲れない点が二つあった。まず教皇が一番偉い、と認めること。そしてフィリオクェ（Filioque）という教義上の解釈を受け入れること。

キリスト教は、父・子・聖霊の三つが一体となったものを唯一《ゆいいつ》の神であるとする宗教です。しかし、この聖霊がどこから発出すると考えるか、その解釈についてはカトリックと正教の間で違いがあった。カトリックは、父なる神から子なる神キリストを通して聖霊を知ることができるという解釈。これをフィリオクェといいます。フィリオは子でクェはアンド（も）だから、フィリオクェとは「子からも」という意味になる。キリストは亡《な》くなっているから、キリストの機能を果たすのは実際には教会だよね。つまり聖霊を知るには教会を通す必要があり、これがカトリック教会に権力を集中させる根拠になるわけ。

対して正教会は、聖霊は父なる神から現れ出《い》で、神の意思さえあれば、別に教会とは関係のない、キリスト教徒じゃない人のところへもストーンと落ちてくるかもしれないよね、という解釈。教会を重視するのかしないのかで、救済観や組織観が全部変わってくるから、カトリック側にとって、ここは絶対に譲るわけにはいかなかった。

その結果、教義はカトリックなんだけれど、見た目は正教会という変な形の教会が出来上がった。ロシア人はこのイエズス会のやり方を非常に汚い手口だと嫌悪《けんお》していて、ロシア語では「イエズス会」っていうとペテン師とか嘘《うそ》つきという意味になったんだ。ドストエフスキーの『カラマーゾフの兄弟』の中にも「それはイエズス会士だ」なんてセリフが出てくる。「何がイエズス会士なんだ？」と思うだろうけど、それはペテン師のやり方だという意味で、その語源がまさにこの西ウクライナにある。

遠距離ナショナリズム

佐藤　さて、ここで時代をパーンと飛ばすね。第二次世界大戦中、ウクライナの民族主義者でステファン・バンデラという人がいました。ウクライナの独立運動を率《ひき》いた人物です。

バンデラの運動を見て協力を申し出たのがナチスでした。「それはいい考えだ、われわれナチス・ドイツはウクライナ独立を断固支持する」と言ってウクライナ軍団を作り、バンデラもウクライナ軍団指揮下でユダヤ人やポーランド人、チェコ人、スロバキア人の虐殺《ぎゃくさつ》に積極的に加担します。特にガリツィア地方はユダヤ人が多かったんだ。イスラエルを建国した人々の相当部分はガリツィアの出身なんだけど、実はその陰にウクライナ軍団によるユダヤ人虐殺があるんだよね。

ウクライナ軍団の戦いはウクライナ解放戦へと発展し、最終的にソ連軍を追い出したところでナチスは「独立を支持すると約束はしたが、約束を守るとは言っていないよな」と、てのひら返しを行って、ウクライナ人を奴隷化し、ドイツの工場や炭鉱で働かせだした。バンデラは怒って、今度はナチス・ドイツに抵抗してウクライナ独立国家を旗揚げしたんだけど、これは三日ぐらいしかもたなかった。彼は逮捕されてドイツの強制収容所に入れられ、バンデラなきバンデラ軍団はナチスの下でユダヤ人やスロバキア人たちの殺戮《さつりく》を続けました。だからウクライナ人はナチス・ドイツとソ連の両方に分かれてあの戦争を戦ったことになります。

一九四五年にガリツィアにソ連軍が入ってくると、ナチスと協力した連中の幹部は家族を含め皆殺しにされ、幹部より下、真ん中ぐらいの連中はシベリアの強制収容所送り、末端の兵隊たちはウクライナの東のほうに移住させられた。ユニエイト教会は、ソ連の公式発表によると一九四六年に「自発的に」正教会に合同しました。ユニエイト教会側はスターリンの指示による強制合同だったと主張しているけれど、こうしてユニエイト教会は消滅し、合同に反対する信者はシベリア送りになった。

戦後もウクライナ西部の山岳地帯では一九五〇年代半ばまで一〇年以上にわたって

反ソ・ゲリラ闘争が続きました。アメリカ軍によって強制収容所から解放されたバンデラは西ドイツに行って、反ソ運動とウクライナの武装抗争を支持しますが、一九五九年にミュンヘンの自宅近くでKGBの刺客によって暗殺されました。暗殺したKGBの刺客が後にアメリカへ亡命したために、バンデラを殺したときの話が表に出てきたんです。

ソ連の支配を潔《いさぎよ》しとしないガリツィア地方のウクライナ人たちは、カナダに亡命しました。今もカナダには、エドモントンを中心に一二〇万人のウクライナ人が住んでいて、ユニエイトを信仰しながら、ウクライナ人の自己意識を失わずに生活を続けている。カナダで一番話されている言語は英語で、次がフランス語だけど、その次が実はウクライナ語なんだ。

一九八〇年代末、ゴルバチョフのペレストロイカ政策で、ソ連人の外国人との接触条件が緩和されると、カナダのウクライナ人はガリツィアの親族や知人が展開するウクライナ独立運動に資金援助を行い始めた。最近は沈静化したけど、北アイルランドの独立運動も、アメリカのアイルランド系移民の資金援助によって行われていたよね。自分のルーツとなる国に一度も住んだことのない人たちほど、母国に過剰な思い入れをしがちです。これを〈遠距離ナショナリズム〉と呼ぶんだけれど、国際紛争はこの遠距離ナショナリズムが強く関係している。今度のウクライナ紛争に際しても、カナダは強い抗議の念を表すために、真っ先に駐露大使を本国に召還した。それはこうした事情があったからなんだ。

今起きている騒動は、西ウクライナの反ロシア・親欧米政権がロシア語を公用語から外して、ウクライナ語だけを公用語とした結果、大変な混乱が起きたことが発端だ。自分たちがウクライナ人なのかロシア人なのか区別が付かないくらいロシアに同化している東部・南部の人たちにとっては、とんでもない出来事だった。

ウクライナ語ができない公務員はクビになる。企業と役所がやり取りする文書も全部ウクライナ語になる。ウクライナ語が分からないと仕事にならない。結果として、ウクライナ人だけれどもロシア語しかしゃべれない人は二級市民に転落して、肉体労働かそれに準ずる低賃金労働にしか従事できなくなってしまう。あの、ステファン・バンデラを旗印に掲げて、火炎瓶《かえんびん》を投げているような西ウクライナのお兄ちゃんたちが東ウクライナへやってきて、役所の幹部になって、国営工場の幹部になるだろう。そんなのは冗談じゃないと。普段はあまりデモなんかに参加しないウクライナ人たちも、これだけ生活基盤が脅《おびや》かされれば立ち上がるよ。そこでロシアがウクライナの安定化を口実にクリミアへ侵攻した——そういう構図なんだ。

生徒　その構図を見抜くためには、どれほどの勉強が必要なんでしょうか。今回、ウクライナで最初にことが起きたときには、もう構図が見えていたんですか？

佐藤　うん、それは見えていた。というのは、私はロシア科学アカデミー民族学人類学研究所の東スラブ学科の大学院に在籍して、その辺の民族問題はずっと注視していたから。

生徒　まさに専門ですよね。

佐藤　そんなに専門じゃないけどね。ただ、ほかの人よりは少し分かるくらいです。

世界のトレンドは戦争へ向かう

佐藤　二〇一一年のシリア騒乱《そうらん》ではギリギリのところで国連が機能した。でも、今回のロシアのウクライナ紛争に関しては国連が全く機能していない。アメリカはG8からロシアを追放すると言っている。他の国にも呼びかけて、六月にロシアのソチで行われる予定のG8をボイコットして残りの七カ国でブリュッセルに集まろうとなった。

普通に考えれば、G8の会合をやったほうがいいんですよ。ソチの会議場に乗り込んでいって満座の中で七対一、あるいはEUも入っているから八対一の形でロシアを非難する。その議長声明は主催国であるロシアで出さないといけないわけだから、ロシアは国際社会の中でものすごい孤立感を味わうし、ロシア人たちも何とかしなきゃいけないと考え始める。そこで歩み寄りの余地が生まれてくるはずなんだけれども、「はみだし者は追い出して自分たちだけで別途会合をやりましょう」とした場合には、ロシアも怒って「ふざけんなよ」という感じになる。

そうすると合理的に考えて、アメリカはまるで逆のことをやっているわけ。こうなると、アメリカは無意識のうちに国際協調システムを壊し始めているのかもしれないね。しかしそれで世界が動いている以上、世の中のトレンドは戦争に傾いているよね。

生徒　世界が合理的に動かなくなったときが危ないってことですか。

佐藤　危ない。

生徒　それが戦後七〇年のこの時期に起こってきた理由というのは……。

佐藤　いろんな理由があるけれど、今の日本で『永遠の0《ゼロ》』が多くの人に読まれたこともすごく関係していると思うんだ。あれはまあ相当乱暴な小説だと僕は思う。ただ、そこにはある種の情緒、いわば〈ヤンキーの情緒〉があるんじゃないか？

その辺に関して表現が一番うまいのは、『ヤンキー化する日本』を出した筑波大の精神科医の斎藤環《さいとうたまき》さんじゃないかな。僕の言葉で言うと〈反知性主義〉になるのだけども、斎藤さんの表現で言う〈ヤンキー〉においては、心情が重要なんです。気合があるのかないのかとか、一所懸命かどうかとか。それから、自分が属している狭い人間関係を没論理《ぼつろんり》的に重視して、「仲間とは繋がっていきたい、そのためには何でも許されるんだ」とか。こういう心情や気風が現在の日本のいろんな階層に存在している。安倍さんなんかはまさにその部類だよね。

生徒　反知性主義の広がりはもう世界的な傾向になったのでしょうか。例えば、アメリカも非合理的なことをし始めているというのは――。

佐藤　世界的な現象だと思うな。その辺の分析として優れているのは、エマニュエル・トッドというフランスの人口学者。彼が『帝国以後―アメリカ・システムの崩壊』の中で、フランスの伝統的なリーダー像と異なる反知性主義的なサルコジという大統領が出てきた、いわゆる「サルコジ現象」の分析をしていて、これが日本の状況と非常によく似ているんです。

そこで分かるのは、愛国というのは実は一種のナルシシズム（自己陶酔）なんだ。国家を愛することで、世のため人のため国家のために献身《けんしん》している俺は素晴らしいんだ、という充実感を求めているわけだよね。それは脱原発を唱えて官邸前に集まった人たちや、新大久保でヘイトスピーチをやっている在特会（在日特権を許さない市民の会）の自己陶酔と、構造的に似たものがあるよ。両方とも基本はナルシシズムだと思う。

戦争は阻止できるのか

生徒 近い将来の戦争の発生というのは、世界的な潮流として止められないものなのか、全くのグレーゾーンなのか、どちらでしょう。

佐藤 止めないといけないよね。どうしてかというと、核兵器があるからね。

生徒 はい。

佐藤 そうなると、人類はどこまで愚《おろ》かなのかという問題になる。俺が死ぬのと一緒に世界中全部なくなっちまえばいいと、仮にかつてのサダム・フセインがそう思っていたとして、あるいは現在の金正恩《キムジョンウン》がそう思っていたとして、核兵器のボタンを押すことができる環境があったらどうするか、ってことだよね。チキンレースになった場合には、メチャクチャなやつが勝っちゃうからね。

生徒 止めるにはどうしたらいいですか。

佐藤 難しい。それは本当にみんなで考えないといけない。

たとえば、中学校を卒業したかどうかも分からないようなチンピラに、西宮《にしのみや》あたりの駅前でからまれて、ナイフを突きつけられたらどうするかと考えてみる。筋を通して理路整然と話をして解決するのか、有り金を渡して逃げちまったほうがいいのか、あるいはいきなり「先輩みたいな人が好きなんです！」と抱きついて、訳《わけ》わからない感じで丸め込むのがいいのか（笑）。いろんなやり方がある。

戦争は何としても阻止しないといけないよね。意外とこういう帝国主義的な状況になると、個人の役割が重要になるかもしれない。安倍さんもプーチン大統領との信頼関係は崩さず、とにかく折り合いを付けてくれればいいと思っている。

もし私が現役外交官だったら、今回のロシアのやり方はおかしいんだけれども、歴史的な経緯を踏まえれば実際にクリミアの人たちがロシアへの編入を希望していることは間違いないし、これを覆《くつがえ》す力もないから、これ以上拡大させないメカニズムを作ることに力を注ぐ。それに尽きます。

そのためにロシアが言っている連邦制という案を実現させるのは、必ずしも悪い発想じゃない。要するに南ウクライナと東ウクライナにおいて相当高度な自治権を持つ政府を作り、中央政府との間での連邦条約を結ばせると。そこに国連を関与させてもいいし、私の考えでは東西冷戦を軟着陸させた実績があるＯＳＣＥ（欧州安全保障協力機構）を絡《から》ませるのが一番いいと思う。今の日本だったら、そこで仲介の役割が果たせると思うんだ。

あと尖閣《せんかく》諸島に関しては、とにかく日本側から余計な真似《まね》をしないこと。島に船だまりを作るとか公務員を常駐させるとか言っていた猪瀬直樹さんが失脚したのは、外交の点からは非常によかった。

北朝鮮との関係においては、今はかなり〈大人の外交〉ができているから、そこは評価できます。今日の新聞によると防衛大臣がノドンの破壊措置命令を出したけれど、対外的にはまったく宣伝していないでしょ。ということは、政府も官僚たちも戦争の危機を相当認識しているんじゃないだろうか。だから極力、誤解から戦争に発展しないよう努力はしているはずです。

国家が牙《きば》を剝《む》くとき

生徒　ちょっと話題を変えさせてもらっていいですか?

佐藤　どうぞ。

生徒　最近の流れについて伺いたいんですけど、佐藤さんは『日米開戦の真実』の最後に、今、新自由主義が強まる傾向にあるけれども、日本の土俗《どぞく》的な文化とは合わないだろうと書かれていたと思うんですが……。

佐藤　うん、合わない。そこがまさに表面化してきているのが、今の安倍政権だよね。

新自由主義的なものは最終的にどこに問題があるかというと、国家なんだ。国家とぶつかるんだよ。

新自由主義の主体になっているのは、マルクスの言葉を使うならば「資本」だよね。資本はつねに運動していて、どんどん利潤を増やそうとする本能を持っている。それもここで問題になるのは巨大な金融資本だから独占資本に近いようなものだ。そういう独占資本の利益と国家の利益は必ずどこかでぶつかる。去年のG8でタックス・ヘイブン（租《そ》税《ぜい》回《かい》避《ひ》地《ち》）の問題が扱われていたのはそのためです。皆さん、Amazonは使ったりする？

生徒一同　はい。

佐藤　そしてスターバックスでコーヒーを飲むでしょう。この二つはアメリカの企業だと思っているかもしれないけど、アメリカに税金を納めてないよね。なぜかというと会社をタックス・ヘイブンに置いているから。

生徒　――なるほど。

佐藤　となると、国家はそうした巨大多国籍企業を規制する方向へ動く。それは国家の機能として非常に重要なものが徴税だからです。また、国家の通貨発行権をおびやかすビットコインについても、絶対に潰さなければいけないと本能的に考えるだろうね。以前、ライブドアの堀江貴文《ほりえたかふみ》さんが、ライブドアの株式を徹底的に細分化して、株式で大根を買えるようにすると発言したことがあった。これもビットコイン同様、国家の通貨発行権とぶつかる事態を生み出すよね。堀江さんは国家にとって超危険人物であるということになり、逮捕された。自分の権益を侵害するものを国家は絶対に許しません。

国家と通貨の説明不能な関係

佐藤　ところが国家と通貨の関係って、なかなか議論が整理されていないんだよね。われわれはその国の通貨をその国が発行するのは当たり前だと受け止めていますが、国家が通貨発行権を持つに至るまでにはプロセスがあるんです。それに関して私はこんな風に整理している。

貨幣《かへい》は商品と商品の交換の中から生まれてくるんだけれども、例えば金貨を使っていると、だんだん擦《す》り減《へ》って、一〇〇グラムの金で作ったはずの貨幣が九九グラムになったり九八グラムになったりするでしょ。だから、「この貨幣が擦り減っても価値は一〇〇グラムのままで変わりません」ということを保証するために国家が刻印を押すわけです。これを鋳貨《ちゅうか》と言うんだけど、この刻印を押すところで国家が入ってくるんじゃないか、というのが僕の仮説です。これは思想家の柄谷行人《からたにこうじん》さんの影響を非常に強く受けた考え方です。

これを敷衍《ふえん》して考えると、九九グラムだろうが九八グラムだろうが、極端な話、五〇グラムであっても三グラムであっても、一〇〇グラム分の価値を国が保証しますと言うんだったら、これはつまり紙きれでもOKということだよね。それで金本位制*に裏打ちされた形で紙幣《しへい》が生まれてきた。歴史的経緯を考えたらそういうふうに説明することができます。

ただ、その理屈だけでは国家と通貨の関係を説明しきれていない。どうして？　今は管理通貨制度*でしょ。金本位制だった時代は金とドルの価値が結びついていたけれど、今はその結びつきが切れちゃっている。その中で金をどう位置付けるかは難しい問題なんです。そして、もし金が全くなくても貨幣ができるならば、ビットコインも成立していいはずだ。みんなが通貨だと思えば通貨なんだと主張することは可能でしょ？

しかしそうはなっていない。なぜなら事実として、アメリカの連邦銀行の地下には各国が預けている大量の金塊《きんかい》があるから。金の取引があるたびに、日本コーナーからアメリカコーナーへ、アメリカコーナーからイギリスコーナーへというふうに、金庫の中で金塊を移動させているんだ。でも最終的には、「なぜ通貨は、金というモノに裏打ちされなければいけないのか?」という問いへの答えはまだよく分かっていない。「そうなっているから、そうなっている」としか言うことができない。これ、哲学的にはすごく面白い問題です。

生徒 アメリカが自由の国だということと、その自由な国家が企業を規制しようとすることは、なぜ矛盾しないんでしょうか?

佐藤 それはアメリカが最強国だから。

生徒 どういうことでしょう。

佐藤 私が思うに、時代というものは二つに分けることができます。世界のスタンダードを作れるほど極端に強い国がある時代か、そうではない時代か。極端に強い国がある時代は普遍主義的な価値観の時代になる。ローマ帝国の時代もそうだったし、イギリスが一強だった時代には自由主義の時代だった。そのイギリスが弱って群雄割拠《ぐんゆうかっきょ》

金本位制 紙幣と同額面の金とを交換できることを通貨価値の裏付けとする制度。
管理通貨制度 金の保有量とは関係なく、その国の中央銀行が通貨の発行・流通量を管理する制度。

になると、帝国主義の時代が到来しました。

アメリカが一強として圧倒的に強い時代は、新自由主義の時代だったんだけれども、近年は陰《かげ》りが生じてきた。それが決定的になったのが今回のロシアによるクリミア併合だと思う。そうなると時代の反復現象で、おそらく世界は帝国主義に向かっていく。この状況下では、国家機能が強化され、ビットコインもタックス・ヘイブンも看過《かんか》されない。この辺のところは多少時系列の前後差があっても、構造的な転換としては一つの流れとして読んでいいと思う。

生徒　するとアメリカが最強国じゃなくなった後、自由主義はどちらかというと収まっていくんでしょうか。

佐藤　新自由主義的な流れではない、市場原理主義と違う要素が力を持ってくると思う。

生徒　それは国家をしのぐような資産を持つ企業があったとしても……。

佐藤　国家のやることとぶつかれば、最終的にその企業は必ず国に手を突っ込まれる。だから企業は自分の身を守るために面従腹背《めんじゅうふくはい》であっても国家には従うようになると思う。最終的には、企業が暴力装置、つまり軍隊を持つことができるかどうかですよ。

情報の真理は細部に宿る

佐藤　先に触れたオシントと新自由主義の関係を言えば、真理は細部に宿ります。ちなみに中世神学でいうところの「神は細部に宿りたもう」は、イコール「悪魔は細部に宿りたもう」ということです。皆さんは、細かい情報にもきちんと目を配っておかなければならない。二〇一四年四月現在、国際市場を一番破壊する、あるいは転換させる可能性が高いのはウクライナ紛争の行方です。実は、日本はその中で相当の独自外交をやっているわけだけど、その様子をオシントの細部からつかむことができる。

今月下旬にオバマさんが国賓《こくひん》として来日するよね。実はあれ、最初は国賓として遇《ぐう》するのは難しかったんです。というのも、国賓は天皇主催の晩餐会《ばんさんかい》や歓迎式典など一連の行事をこなす必要があるから、最低二泊三日の滞在が必要になる。オバマさんの場合、途中で韓国が横やりを入れてきて滞在が一泊二日になりそうだったけれど、最後には盛り返して二泊三日に落ち着いた。これはアメリカ側としても、どうしても日本を味方につけたい思惑《おもわく》があるからだね。

それから先週、共同通信が、今月予定されている岸田外務大臣の訪露は多分ないだろうというニュースを配信した。それに対して、昨日の外務省欧州局長のオフレコ懇《こん》談《だん》では「皆さん、早トチリしないほうがいいですよ。まだ何も決まっていませんから。

ロシアとは、なるべくすぐに貿易経済の閣僚会合をやらなければいけません。過去二年やっていませんから、早くしないと日本のビジネス環境に大きな影響を与えますよね？」と語って、外務省としては限りなく訪露に前向きなニュアンスを打ち出している。

さらに昨日、外務事務次官が総理と会った直後に行ったオフレコ懇談でも、「まだ本当に何も決まっていない」と強調していた。おそらく目下《もっか》、官邸内部でプランを採《も》んでいる最中で、官邸としても岸田外相をロシアに行かせたい、というメッセージだろうと思うんです。

オバマさんは岸田さんがロシアに発《た》つ直前に来日します。おそらく日本政府は日米首脳会談の席上、ウクライナ問題を議論する中で「アメリカの立場、西側の立場をロシアに厳しく伝えるために行ってきます」と言ってアメリカの反応を見るのではないかと私は推測しています（編集部注：この後、「ロシア側の受け入れ態勢が整わない」との理由で、岸田外相のロシア訪問は延期された）。

なぜ、そうした日本の独自外交が出てくるのか？

西欧諸国がこのままロシアを排除すれば、ロシアが中国に接近する可能性が高いんだ。ロシアは今回クリミアという〈失地〉を力によって回復することができた。それに刺激された中国も、尖閣という〈失地〉を力によって回復したい誘惑に駆られるかもしれない。それは日本としてはなんとしても避けたい。しかしアメリカは今、中東で手一杯で、コトを構えるとしてももう一カ所がせいぜいだろう。ウクライナ情勢が緊張してしまうと、アメリカが持つ残りのエネルギーはそちらへ割かれて、尖閣で何かあっても米軍は出てくることができない。アメリカをアジア太平洋にとどめて、なおかつロシアを中国に接近させないためには、アメリカがロシアを追い込み続ける状況を打破しなければならない。こうした判断が働いて日本の独自外交が起きていると、こう私は見ているんだよね。

こういう形でものごとが動くということは、共通の価値観や理念ではなく、それぞれの国の利益の問題が前面に出てきているということだ。皆さんが物理で勉強しているニュートン力学の世界の話だね。「勢力の均衡《きんこう》」を図《はか》ろうとする力が外交の世界でも大きな存在感を持っている。

危機を前にした僕らは

生徒　本当はもっとお聞きしたいところですが、残念ながらそろそろ時間です。まとめるわけではないですけど、いま伺ってきたような大きな危機を前に僕らがしていけることは、何よりもまず教養を高めることだと教わった気がします。

佐藤　そう。第一に、〈学校の勉強を絶対にバカにしない〉こと。受験勉強は決して無駄にはなりません。受験勉強で身につけた知識を大学に入ってからも継続して伸ばしていくこと。伸ばせなくても、最低限、受験段階で得た知識を一生維持していくこと。これは小まめにメンテナンスしないとすぐに力が落ちます。

それから、〈系統的に本を読む〉こと。かといって、いきなり難しいものや、極端な説を唱えているものを読むんじゃないよ。たとえば*頭山満《とうやまみつる》について知りたいからといって、小林よしのりの漫画から読んでみようとか、そういうことをしちゃいけない。きちんとした順番で本を読んでいくことが大切だ。それは先生や周囲にいる先輩で信頼できる人に聞けば、どういう順番で読んだらいいのか必ず教えてくれるよ。

あともう一つは、〈外国語力を付けておく〉こと。あるいは、将来において外国語力が必要になる局面が来ることをよく自覚しておくこと。それに、もはや英語だけでは不十分だからね。これからは中国語が必要になる。三菱《みつびし》商事は今、新入社員全員に中国語を勉強させるか、研修させるか、中国関連部局に二、三年勤務させて、若いうちに中国語ができるようにしています。三菱商事イコール国家だと思っていいからね。その意味において、外務省は三菱商事に遅れてるんです。

生徒一同　はい、ありがとうございました。

佐藤　頑張ってください。

頭山満　アジア主義者（一八五五—一九四四）。欧米列強侵略に対抗すべく、孫文やラス・ビハリ・ボースらアジア各国の独立運動家を支援。日本の右翼運動史上の大物。

生徒の御礼状より

「合理的な行動をとれなくなってきたときに戦争が起こる可能性が高い」というお話が印象に残っています。戦争はプレイヤーすべてにとって究極的に非合理的な（損害しかない）結果をもたらすのが目に見えていることが多いです。その中でナルシシズムに起因する極端に愛国的な思想や、心情的な判断によって合理性が失われつつある今の状態はたしかに危険だなと感じました。また、そういったことを理解するためにも、今の日本を担《にな》っている人材に足りていないと仰《おっしゃ》っていた論理・哲学の教養が必要なのだとわかってきました。

何よりも、普遍的に大事だなと思ったのは、「約束を守り、出来ない約束をしない」ことです。信頼関係を構築し、人脈を築くためには至極当然だなと思ったのですが、よくよく考えると特に後半は非常に難しいものだと感じました。ただ、これに関しては外交に携わるか否《いな》かにかかわらず、一般人として生きていく上でも非常に重要だと思いますので、大事にしていきたいです。

二年　K・Mくん

僕たちはナショナリズムから逃れられない

２０１５年４月１日

ナショナリズムはどこからやって来る？

生徒　さっそくですが、佐藤さんの『甦《よみがえ》るロシア帝国』に、民族の分離独立運動は、大衆ではなくエリートが仕掛ける、という記述があったと思います。まずは、そこを詳しくお聞きしたいのです。

佐藤　そもそもエリートが民族を作り出すというのは、一応の通説だよね。

生徒　通説なんですか？

佐藤　うん。たとえば民族問題について勉強しようと思ったら、ベーシックな本として誰のものを読む？

生徒　アントニー・D・スミス、アーネスト・ゲルナー、ベネディクト・アンダーソン……。

佐藤　そのうち日本では誰の影響が強い？　圧倒的にベネディクト・アンダーソンだよね。

生徒　そうなんですか？

佐藤　国際的に見るとちょっとスタンダードから外れている感じなんだけどね。それはともかく、アンダーソンは民族をどう定義した？

生徒　民族は想像の共同体、ですか？

佐藤　うん、想像の政治的共同体ね。想像の政治的共同体を作っていくのに一番重要な役割を果たすのは何だろう？

生徒　公定ナショナリズムです。

佐藤　違う。公定ナショナリズムはベネディクト・アンダーソン独自の主張ではない。ヒュー・シートン＝ワトソンの主張をそのまま引っ張ってきて使っているだけで、それはテキストの中で明示《めいじ》されている。

生徒　標準語とか？

佐藤　確かに標準語も重要だけれど。

生徒　出版産業？

佐藤　その通り。出版資本主義が重要になってくる。それは当然、文字を読める文化エリートが作り出していくものだよね。とすると、この文化エリートを重視していくって考え方はどこから来たのかな？　アドルノとホルクハイマーの『啓蒙《けいもう》の弁証法』

ベネディクト・アンダーソン　アメリカの政治学者（一九三六―二〇一五）。主著『想像の共同体』はナショナリズム研究の古典とされている。

だ。あの中に文化産業という章がある。その部分から援用しているわけ。『啓蒙の弁証法』は、こうした民族問題の参考書籍として是非読んでおいてほしい。テオドール・アドルノやマックス・ホルクハイマーについて聞いたことがある人はいる？

生徒　名前だけなら聞いたことはあります。

佐藤　ハーバーマスは？

生徒　ユルゲン・ハーバーマス？　あの対話的理性の？

佐藤　そう。アドルノ、ホルクハイマーはハーバーマスの先生筋にあたります。要するにフランクフルト学派*を作った人たちだ。フランクフルト学派というのは、リベラルな方向にも流れているけれども、実はアメリカのネオコン*などにも影響を与えていますよね。その中でもアドルノ、ホルクハイマーは、なぜ啓蒙的な理性が発展していくにもかかわらずナチズムが生まれてきたのかという重大なテーマに取り組んでいる。それはなぜかっていう答えは自分で読んで見つけてみてね。

生徒　ホルクハイマーを読むと……。

佐藤　分かる。それが妥当《だとう》かどうかは別として。

生徒　はい。

佐藤　それをアンダーソンはベースにしているわけなんですよ。だから、文化的なエリートがナショナリズムを作り出していく、という考え方になるんです。
そうすると、ナショナリズムを作り出していく考え方には大きく分けて二つあることになる。一つは共同幻想によって作られたものだとする考え、もう一つは個人に先立って存在するものだという考え。アンダーソンの立場は前者なんだけれども、そうすると極端な話、民族というものは人為的《じんいてき》に作り出せるのではないかという発想になってくる。しかし、そうではない。それでは説明がつかない。このナショナリズムには文化という非常に訳の分からない、厄介《やっかい》なものがついてまわるんだ。

やしきたかじんの民族意識

佐藤　たとえば、やしきたかじんという人がいた。彼は、どうして大衆に影響を与え

フランクフルト学派　一九三〇年代以降、フランクフルト大学の社会研究所を中心に活躍したホルクハイマー、アドルノ、フロムをはじめとする思想家たちのこと。マルクス主義や精神分析などの思想を背景に社会批判の理論を展開した。
ネオコン　アメリカの政治思想、ネオコンサバティズム（新保守主義）の略。エリートによる支配を是認し、国外に対しては軍事力をもってしても民主主義・自由主義を広めようとする考え。

ることができたんだろう？

生徒　ズバッと言い切っちゃって、相手に深く考えさせなかったからですか？

佐藤　おそらく学力という形で競争した場合、やしきたかじんさんが皆さんに勝てることは絶対にないよね。しかし、それとは違うなんらかの能力が彼にはある。実は、彼のそういう能力を解明するカギになるのが、ナショナリズム論なんだ。

生徒　人心を引き付ける力というか……。

佐藤　人心を引き付けると同時に、なぜ彼に民族的な意識が非常に強いのか。今、百田尚樹さんという作家が『殉愛《じゅんあい》』というやしきたかじんに関するノンフィクションを書いて、その内容をめぐって騒動になっているね。この『殉愛』と同時に『百田尚樹「殉愛」の真実』や『ゆめいらんかね　やしきたかじん伝』を併せて読むと分かるけれども、これは在日朝鮮人・韓国人問題を孕《はら》んでいる。つまり、やしきたかじんさんは在日であって、そうした民族的なマージナル（境界）にいる人というのはアイデンティティの危機を持っている。こうした複合アイデンティティを持つ人は極端にナショナルな方向に振れる傾向がある。それは、韓国のナショナリズムに振れる場合もあるし、日本のナショナリズムに振れる場合もある。

生徒　アイデンティティの不安定さを解消するために、極端なナショナリズムを持つということですか？

佐藤　そういうこと。これはよくある現象なんです。いわゆる右翼運動をやっている人たちの中にも在日韓国人がいる。そもそも民族の真ん中にいる人たちは、民族意識を強く持たないいんですよ。意識する必要がないからね。民族というものは、境界線上で意識されるものなんだ。

生徒　辺境にいるほうが、民族運動が活発になっていくということですか。

佐藤　必ずしもそうではないね。マージナルな人々が文化的な辺境にいる場合には、そこで一定のルールができて安定することが多い。けれども、彼らが文化の中心に出てくることによって差別を意識して不安定になると、それが民族運動に振れたり、他の形で現れたり、いろんな事例があります。いずれにせよ、単純な理屈だけで割り切れないのが民族問題の難しさなんだ。

生徒　今の在日排斥《はいせき》運動を見ていると、日本人純血主義みたいなものを推《お》している人が多いようですが……。

佐藤　その運動の主体になっている人たちの中にも、やはり在日韓国人が少なからずいると思う。それから、在特会の運動が非常に突出しているんだけれど、徳島大学准《じゅん》教授の樋《ひ》口直人《ぐちなおと》さんの『日本型排外主義』という研究書を読んでみるといい。

樋口さんによると、在特会の主張や行動は新しいものではなく、今まで日本の保守的な政権やマスメディアの言ってきたことと実はそんなに変わらないという。さらに、これまで言われていたような、貧困者や社会の競争から脱落した人たちによるルサンチマン（恨み）による運動という見方も否定している。具体的には、一時期、話題になった安田浩一《やすだこういち》さんの『ネットと愛国―在特会の「闇《やみ》」を追いかけて』を取り上げ、そこで論拠《ろんきょ》とされている資料の扱い方への批判を展開する中で実証研究をやっている。これは非常にいい本です。

右翼と左翼

生徒　逆に、ルサンチマンや貧困がなくてもナショナリズムは生まれうるものなんでしょうか？

佐藤　生まれることはあるよね。ルサンチマンや貧困とは関係なく、ナショナリズムを容認する機能をメディアで果たしている言論人もいる。でもね、おそらくだけれども、この人たち自身は決して自分をナショナリストだとか排外主義者だとは思っていないのではないかな。自分の感覚が普通で、むしろ左寄りになっている世の中を真ん中に戻していると思っているんじゃないだろうか。

生徒　今の世の中が左に寄っている、というのは正しい分析なんでしょうか？
佐藤　何をもって左とするか、右とするかによるよ。
生徒　これ、学際的な定義はないんですか？
佐藤　ない。じゃあ、左か右かということが現代的な意味合いを持ってきたのはいつから？
生徒　フランス革命からです。
佐藤　そう。フランス革命の国民議会で議長席から見て右側に座っていた人々が右翼、左側に座っていた人々が左翼と言われた。その左翼の特徴は？
生徒　革新派、急進派。
佐藤　それだと左翼に限定されないよね。右翼側に座って過激な発言をする人たちにも当てはまってしまう。右翼の中の革新派や急進派もいるからね。
　左翼側にいる人たちは理性を重視するんだ。理性というのは人類が共通して持っているわけだから、完全情報をみんなで共有して、偏見のないフラットな態度で議論をすれば、結論は一つになるはずだと考えている人たちだ。そうなると、公式や法則に当てはめれば答えを導き出せるというような、物理や科学に近いかたちで物事を考えていくことになる。

対して、右翼はこうした左翼の考えに対抗する形で後から生まれてきた。

生徒　左翼に対する反動として出てきたわけですね。

佐藤　その通り。まさに〈反動〉と呼ばれてしかるべきものだったんだ。だから右翼とは何かというと、理性に対して不信を持つ人びとのことなんだね。つまり、人間は理性よりも偏見のほうが大きい生き物で、いくら理性的に議論をしていると思っていても、その背後には伝統的な価値観も含めた偏見や個人の利害・関心があるから、とてもフラットな議論は成立しないし、同じデータを見てもそれが人によって違うように見える。だから、結局のところ真理は一つに定まらないんだという立場です。

ただ、その定義を適用すると、今のいわゆる右派とか保守派の人たちはほとんど左翼なんだよ。だって、「唯一《ゆいいつ》の正しい歴史」であるとか、憲法を改正せよとか、強い国家を構築しよう、といったことは非常に左翼的な発想でしょう。

何をもって右翼なのか左翼なのか、東西冷戦構造が崩れた今となってはよく分からなくなっているんだ。たとえば日本の感覚だと共産党は左翼と言われる。でも、今のロシアでは共産党が一番の右翼であり、共産党の方針を維持していくことが保守的と呼ばれる逆転状態が起きている。

生徒　中国でも左翼といわれる人が強硬派だったり保守派だったりしますね。

二級エリートとナショナリズム

佐藤　でもね、定義不明なままに言葉を使うことが、政治においては意外と重要だったりするんです。〈何か言っているようでいて実は何も言っていない〉ってことは、現在の日本の政治にも多いじゃない？　それらのほとんどはトートロジー、つまり「そういうことになっているから、そうなんだ」という同義語反復《どうぎごはんぷく》です。

たとえば絶対に当たる天気予報が一つあって、「明日の天気は、雨か雨以外のいずれかである」。これは論理学でいうところの恒真命題《こうしんめいだい》だよね。

生徒　はい。常に正しい。

佐藤　そう。しかし問題は天気に関する情報が一切ないことだ。一見もっともらしく聞こえて、実は中身のない話というのが世の中には非常に多い。そして、そういう発言の背後に潜んでいるのが反知性主義なんです。

「成績だけ良くても世の中は分からないし、変えられない。俺なんか仲間のため、家族のために体張っているんだからカッコいいよな」と、こういう論理を超越した話が今の日本にはあふれている。反知性主義者は知性自体を憎んでいるからね。皆さんなんか一番に標的にされるよ。偏差値が高いとはどういうことかというと、ボリュームゾーンから外《はず》れているということだ。民主主義は、基本的にボリュームゾーンに従って動いているから、皆さんは常に少数派であるという宿命を持っているわけ。

生徒一同　ああー。

生徒　たとえば僕らの先輩方みたいな少数派が、社会の上層に行って全体を支配するという仕組みは必然的なものなんですか？

佐藤　「それを言っちゃあ、おしまいよ」なんだけれども、人間が群れを作る動物である以上、必然的だと思う。逆に言えばエリート層がエリート層としての位置を保てないような社会は崩れます。しかし、どの程度までの格差を認めるか、どの程度までの特権を認めるかについては、いろんなモデルがある。

そこで心得ておいてほしいんだけど、ボリュームゾーンであるところの大衆を完全に敵に回した場合、エリートは敗れます。それから怖いのは二級のエリート。ナショナリズムと二級のエリートは非常に密接に関係している。たとえば医師になるためには何が必要？

生徒　医師免許が要ります。

佐藤　まず医学部へ行かないといけないよね。弁護士になるためには？

生徒　司法試験に通る必要があります。
佐藤　じゃあ、ナショナリストになるためには？
生徒　自分を愛国者だと吹聴《ふいちょう》します。
佐藤　それを大声でわめくことによって愛国者のエリート層に加われる。非常にコストパフォーマンスがいいわけ。ほとんど努力がいらない。
　最近は静かになって、なぜ静かになったのかも非常に奇妙なんだけれど、在特会の代表をやっていた桜井誠《さくらいまこと》という人がいるじゃない？　彼は極端な排外主義言説を吐くことでナショナリズムの世界で急上昇して本を出せたし、橋下徹《はしもととおる》大阪市長と「お前って言うなよ」「うるせえ、お前」という具合に対等のディベート が——あれがディベートであるとして——できるような位置にまで行った。それに経済効果もあった。そうすると彼の行動というのは、ある意味で極めて合理的だよね。彼のような人物の行動原理を突き放した形で分析することは、意味のあることだと思う。

他者の視点を獲得しよう

佐藤　あと皆さんに重要なことは、やっぱり頭のいい人が書いたものを読むことです。

たとえば、*浅田彰《あさだあきら》さんの『構造と力―記号論を超えて』、そのあとの『逃走論―スキゾ・キッズの冒険』。彼は私と同じ世代で、ほとんど本を書かない人ですが、ものすごく頭がいい。日本のポストモダンの流れというのは、彼がいなければできなかったと思う。

あるいは、皆さんの先輩にあたるイスラム法学者、中田考《なかたこう》さんの『イスラーム法の存立構造―ハンバリー派フィクフ神事編』。これも極めて優れた本です。

ただ、著者と自分を完全に重ね合わせて考える必要はないからね。中田さんの意見に自分を一致させたら大変だよ。シリアに渡って*カリフ制の再興に一生を捧《ささ》げたいと、こんな考えになってくるから。さまざまな世界を鳥瞰《ちょうかん》するという意味での〈上から目線〉を持って、一見、自分とは関係がないと思えるようなジャンルの本もきちんとフォローしていく。それが、物事を突き放して見るということに繋《つな》がります。

生徒　すると、本は批判的な姿勢で読むべきなんでしょうか？

佐藤　というより、この人から見ると世界はこういうふうに見えるんだな、という視点を獲得していくことが重要なんだ。『イスラーム法の存立構造』を読めば、中田さんにとって世界がどう見えているかがわかる。その立場からのポジショントークができるようになる。だから、論理力が鍛えられてディベートにも強くなるわけ。

イスラームの場合は、キリスト教の三位一体論みたいに〈三にして一である〉とかいう訳の分からない話はほとんどありません。最初にある論理の超越を受け入れちゃえば、その先はアリストテレス論理学の世界でまっすぐ整合的に進んでいく。論理展開を勉強するのに非常に役立ちます。

知識がなければ始まらない

生徒　佐藤さんは、現在の入試制度に対して、どのように見ていらっしゃいますか？

最近は、暗記・反復能力よりも、その場での論理を訊《き》いていく入試というのが東大、

浅田彰　批評家・思想家。一九八三年、京都大学人文科学研究所の助手時代に発表したフランス現代思想の解説書『構造と力―記号論を超えて』がベストセラーに。つづく『逃走論―スキゾ・キッズの冒険』に登場する「スキゾ／パラノ」が流行語になるなど、ニューアカデミズムの旗手と呼ばれた。

カリフ制　預言者ムハンマド亡《な》き後、イスラム世界を宗教的、政治的に統率する指導者のこと。一九二四年、オスマン帝国滅亡によりカリフ制は廃止されたが、二〇一四年、過激派組織ＩＳＩＬの指導者のバグダディがカリフ即位を一方的に宣言した。

京大で重視されて、他の学校でも導入されつつある感じがします。東大は、なんやかんや言いながらも、旧来型を崩していないんじゃないかな。

佐藤　東大と京大では、だいぶ違うような感じがするな。

生徒　それはどの辺に感じるでしょうか。

佐藤　数学だね。東大の数学の入試問題って全然変わっていないでしょう？

生徒　そうなんですか？

佐藤　文科系が四題で理科系が六題というやり方は半世紀近く前からずっとそのままだしね。問題自体は非常によく練られた良問が多いよ。でも結局は、数学が変わらない限り、勉強の仕方も変わらないと思う。

たとえば大学入試レベルの英語なら、半年間きちんとした指導を受ければ、東大だろうと京大だろうと、たぶんクリアできるよね。ただ数学は、もしスッテンテンな状態からだったら、半年では無理。かなり時間がかかる。そうすると、考える入試を導入うんぬんといっても、それは中堅以下ぐらいの大学を対象にした話になる。結局、いわゆるエリートになるために必要とされている能力とそれを測る試験は、昔からあまり変わらないということだ。

ただ、君たちの先輩にも話したことだけど、日本の入試システムは基本的には後進国のシステムだからね。とにかく記憶力のいい若者を集める。基本書を何冊か覚えて、別に理解していなくてもいいから、それを与えられた時間で再現できる能力を問う。たしかにこれは必要条件だ。これができていないと大変なことになる。

でも問題は、真のエリートになるには、それだけでは不十分だってことだ。外務省の新人研修や指導の方法を見ていて分かったんだけれど、外交官試験を突破してくる人たちには、知識の偏《かたよ》りや欠損が相当ある。応用で何をやるかというのは、その偏りや欠損を補《おぎな》った先の問題だ。

生徒　まず、根底に知識がないと何も始まらないと。

佐藤　そういうことだね。それから、私が理解できないのは、たとえば京大とか早稲田では英語で授業を始めているでしょう？　ネイティブでない人が英語をしゃべって、ネイティブでない生徒たちがそれを聞くということは、常識的に考えて情報伝達として相当問題があるよね。これは明らかに、わざわざ学力が低下することをやっている。ところが、大学側はそういうことが見えなくなっているわけだ。

「東大首席弁護士」の問題点

佐藤　日本型エリートの道を極めるとどうなるかは、山口真由《やまぐちまゆ》さんという人を見ればわかる。『東大首席弁護士が教える 超速「7回読み」勉強法』とか『誰でもできるストーリー式記憶法』という本を出しているんだけど、書店で見たことないかな？ 東京大学法学部三年生のときに司法試験に合格、四年生で国家公務員Ⅰ種に合格して卒業後は財務省に入省したけど、二年で辞めて弁護士になった人。本当に東大法学部をトップで卒業したんだけれど、「どうすれば私みたいに優秀で問題のない、しかも悩みのない人間になれるのか」ということが彼女の本には書いてある。

なぜ、彼女は東大法学部でトップになれたか？ 東大は絶対評価ではなくて相対評価だった。ということは全科目で上から三分の一に入れば全優が取れる。同じように首席で卒業することを狙《ねら》っている人はたくさんいるから、あとは単位数の勝負になる。東大の卒業必要単位は一六〇なんだけど、彼女はあえて一六二単位取った。だから東大で首席になったと。

それから、なんで勉強に力を入れるようになったかといったら、それは幼児体験にある。「妹のほうが私より先に逆上《さかあ》がりができるようになった。運動では妹には絶対に勝てないと思い知った。だから勉強に集中することにした」と。こういった話を素直に書いているわけ。

生徒 ものすごい合理主義的な……。

佐藤　合理主義と言うべきかな。だから、二年で財務省から「辞めたいならどうぞ」という感じになったんだよね。

生徒一同　ああー。

佐藤　財務省で彼女は考えた。私のこのキャリアだったら、片山さつきさんレベルにしかなれない。そんなのはイヤだから今度は弁護士として活躍したいと。今度、弁護士事務所も出てアメリカに留学するそうだけれども、見ていると面白いよね。彼女みたいな形のエリートがなぜ生まれるのかについて一度きちんと考えた方がいい。

生徒　ヨーロッパやロシアには山口さんみたいな人はいないんですか？

佐藤　いるんだけれども、かなり早い段階で、エリート競争の外に出てしまうと思う。日本とは勉強の方法も評価の方法も異なるからね。

英露のトップエリート教育法

佐藤　皆さんがオックスフォード大学やケンブリッジ大学へ留学するとします。どんな勉強の仕方をするかというと、まずチューターという助教レベルの人間をつけられる。それで、一週間に教科書を三、四〇〇ページ読んでこいと指示される。一週間後、その内容について徹底的に訊かれます。それで理解できていると認められたら、その先を読んできなさいとなる。もし理解できていないなら、もう一回やり直すか、教科書のレベルを落とす。

トップエリート大学になると、自分でできる勉強は授業が無くても当然やってくるものと扱われる。だから講義に出るのは、週に二、三回。担当教授と会うのは一年に二回ぐらいで卒業まで漕《こ》ぎつけなくてはいけない。

ここまで極端なのはオックスフォード、ケンブリッジの特殊性だけど、だからこそ、ちょっと変わった人がたくさん生まれてくるし、同時にユニークな発想をする人もたくさん生まれてくる。同じイギリスでも、ロンドン大学とかバーミンガム大学に行くと、逆に詰め込みで勉強させられるけどね。

ちなみに皆さんの中で留学して哲学をやりたいという人がいたとしても、ケンブリッジやオックスフォードには、たぶん入れてもらえないと思うよ。どうしてかというと、言語哲学が中心になっているから。

生徒　ウィトゲンシュタインの？

佐藤　そう。日常言語での分析哲学を重視する後期ウィトゲンシュタイン学派が主流なの。「学校に行く」と「学校へ行く」では、意味領域がどう変わるかというような議論をやっている。そうすると、英語のネイティブじゃないと議論が分からない。ついていけないからネイティブの人以外は最初から入れてくれない。非ネイティブの生徒が哲学をやりたいと希望しても、哲学史や宗教哲学のほうをやりなさいとアドバイスされることになるんです。

この話は、思想家の柄谷行人さんの奥さん、柄谷凜《りん》さんに聞きました。彼女はインドのデリー大学、それからケンブリッジへ行ったんだけれど、哲学をやろうと思ったら断られて、宗教学をやったんだそうです。

また、ロシアのエリート教育は、総合大学とは別に科学アカデミーという所で行われる。ここはレベル的には大学院以上です。今は少し募集人数が増えたけれども、僕が科学アカデミー民族学人類学研究所に出入りしていた頃は、研究員が六〇〇人いて、大学院生の募集は年に二名。

生徒　二名⁉

佐藤　その代わり、そこに合格すると、もうこれは研究員で採用されたのと同じことになる。特に選りすぐった人を集めるような機関には、数学研究所や原子物理学のクルチャートフ研究所、哲学研究所などがあって、そこでは教育はほとんどせず、もっぱら研究だけをやる。それで、やっぱり超エリートを養成していくんです。

「陶片追放」が息づくロシアの選挙

生徒　そこで培《つちか》われた知識は、どういうふうに社会に還元されるんですか。

佐藤　その人たちはアカデミズムの中で自己充足していく気がするな。ロシアは、アカデミズムのエリート、政治エリート、経済エリートをかなり早い段階から分けている感じがする。

だから、もし理論経済学の分野ではなく、現実の経済界で実績を上げたいということならば、モスクワ国立大学の経済学部へ行くんじゃなくて、ソ連時代ならプレハーノフ記念モスクワ国民経済大学とか、今だったら国立の高等経済大学というところに行くべきなんです。

一方、政治エリートになる場合にはあんまり高等教育は関係ない。政治はいかがわしい人がやるものだと思われているから、むしろ高等教育受領資格を金で買うような、要領のいい人間が出世していく。

生徒　ロシアって政治不信が強いんですか？

佐藤　基本的に国民は政治家を絶対に信用しないっていう感じだね。民主主義も全然信用していない。

そもそも、ロシア人は選挙で自分たちの代表を送り出すという意識が薄くて、むしろ選挙とは基本的に古代ギリシャの陶片追放であり、自分たちがイヤだと思う人間を代表にしないがための消極的選択だという考え方なんだ。ソ連時代には、悪い候補者と、うんと悪い候補者と、とんでもない候補者がいても自分たちには選びようがなかったけれど、今はとんでもないのと、うんと悪いのは選挙で排除することができるよねと、それぐらいの認識なんだよ。

そうすると、この前のロシア大統領選挙ね。ロシア人から見れば、プーチン大統領は、まあ悪い政治家だ。対抗馬のジュガーノフは「ソ連のスターリン時代って素晴らしかったよね」という考えの持ち主。あとは「社会福祉をゼロにして完全な競争社会を実現します」という実業家のプロホロフ。そういうのしか有力候補者がいないわけ。国民からするとスターリン時代に逆戻りもイヤだし、勝った人間が総取りする社会になるのもごめんだ。そうなると、消極的選択肢としてプーチンしかいない。

生徒 プーチンの支持率が八割なのも、意外と消極的な面が強いんですか？

佐藤 ほとんど消極的ですよ。

生徒 なんでいい政治家が出ないんでしょう？

佐藤 政治は汚い仕事だという国民的な感覚があり、その根っこをたどると、やっぱりキリスト教の原罪《げんざい》感があるからじゃないかな。人間はもともと罪を持っているから、人間がやることは全《すべ》て悪い方に転がるんだと。逆に言うと、悪ければ悪いほど人間的であるという一種のシニシズム（冷笑主義）だよね。

教養の伝達は人から人へ

佐藤　原罪感を持っている宗教かそうじゃないかで、社会の構図にはだいぶ違いがあるように思えます。

キリスト教によると人間は原罪を持つから、自分は神の意志だと思っていても、それはねじれたかたちで聞こえているんじゃないかなと疑う。そして、パウロが言っているように*奴隷《どれい》意志だから、自分では良いことをやりたいと思っていても、悪いことをやっているんじゃないかという意識が働いて、常に相対化、自己犠牲の論理が働く。

一方、イスラムの場合は原罪という考えがないから、神の意志がストレートに自分に体現されていることになる。

そうした思考の鋳型《いがた》というのは、世界的には高校段階だけではなく大学でも勉強することになっています。しかし今の日本の大学は実学重視に傾きすぎて、諸外国と比べても教養に相当するような〈無駄な勉強〉の比重が低いのが残念なところですよね。

生徒　教養は海外ではどのように教育されるんですか？

佐藤　国にもよるけれどイギリスなんかは、教師と生徒が結ぶ人格的な関係、師弟関係と言ってもいいけれど、そうした輪の中で教育していく。ものの見方、考え方、人の気持ちになって考えること、価値観、そういったことを教師は生徒に継承させたり、あるいは継承させないでおこうと思ったりする。それは教師一人対生徒二〇〇人の教室ではできないことです。
　だから、大学にいる間に、自分の恩師と思えるような人に一人でもいいから出会えるかどうかで、一生が変わってくると思うな。それは大学の中で会うかもしれないし、外でかもしれない、あるいは比較的年齢の近い人かもしれない。
生徒　その教養の伝達は、なんで日本ではあまり行われていないんでしょう？
佐藤　多分、戦前は行われていたんだよ。しかし、その戦前の教養主義が、結局のところ日本を破滅に導いちゃったわけだ。

奴隷意志　人間は罪と欲望に支配される奴隷であり、正しい行いをする意志を持てないとする言説。

教養人、吉野文六

佐藤　そうした戦前の教養教育を受けた一人が、先月末に亡くなった吉野《よしの》文六《ぶんろく》さん。去年出た『私が最も尊敬する外交官―ナチス・ドイツの崩壊を目撃した吉野文六』で、私がインタビューさせてもらった人です。

生徒　どんな外交官だった方なんですか？

佐藤　この人は沖縄返還時、外務省のアメリカ局長をやっていて、日本が米軍に協定で取り決めた以上の便宜《べんぎ》を図ることを約束した、いわゆる沖縄密約を結んだ当事者です。沖縄密約問題は、一九七二年に毎日新聞記者の西山《にしやま》太吉《たきち》さんが情報を入手して国会議員に流し、しかも不適切な関係にあったとされる外務省の女性事務官から入手したということで、大きな話題を集め、裁判にもなった。作家の山崎豊子《やまさきとよこ》さんがこの事件を『運命の人』という小説に書いています。

この西山事件の法廷に立った当時の吉野さんは「密約なんて存在しない」と証言していた。ところが、二〇〇〇年にアメリカから密約の公文書が出てきた。日本外務省は密約の存在を全面的に否定したんだけれども、二〇〇六年に北海道新聞の記者が「この公文書にあるB・Yのイニシャル、これはあなたのサインではないんですか？」と持っていったら、吉野さんはあっさりと認めた。それで密約問題は二一世紀になって再燃した。こういう人なんだ。

吉野さんは、本当に教養人だし、秀才中の秀才だよ。東京帝国大学の三年在学中に、戦前の高等文官試験の行政科と司法科と外交科を全部合格して外務省に行った。帝大では当時、ストームといって……。知ってる？

生徒　ストーム？

佐藤　ドイツ語で「嵐《あらし》」という意味。昔、東大の駒場《こまば》寮や旧制高校の寮なんかでやってたバカ騒ぎのことね。ドイツ系の哲学書を読んでる生徒が「デカンショー」*なんて歌って酒を飲んで暴れるわけ。ところが、彼はそれが嫌いで、英米のプラグマティズム系のものばかり読んでいた。そのことが後の人生に影響を与えるんです。

帝大在学中に召集されてノモンハン*で戦ってきた友人から「日本で報道されている華々しい戦果は真っ赤なウソだ。自分の隊では二、三人しか生き残らなかった。全滅

デカンショー　旧制高校を中心に愛唱された学生歌「デカンショ節」の一節。「デカルト・カント・ショーペンハウエル」の略だとも。

ノモンハン　満州（中国東北部）西北部、モンゴルとの国境近くの地名。一九三九年にこの地で起きた日本軍とソ連軍の武力衝突をノモンハン事件といい、日本軍は壊滅的な敗北を喫した。

だ」と密《ひそ》かに聞かされた吉野さんは、徴兵《ちょうへい》にとられて殺されるのはかなわないと考えて外務省を目指した。

外務省へ入った吉野さんはドイツ語研修のため、一九四一年の五月にアメリカ経由でベルリンに着任しました。もうヨーロッパでは戦争が始まっていて、そろそろ日米も開戦するんじゃないかというタイミングの頃です。ベルリンでは日独伊三国軍事同盟を推進した大島浩《おおしまひろし》駐独大使が歓迎会を開いてくれた。大島大使はドイツ通という評判だけれども、ドイツ語の聞き取りはある程度できるが、しゃべるのはほとんどまともにできない。相手と一緒に大酒を飲んで歌を歌うとかハッタリでやっていくタイプで、それですっかりヒトラーに気に入られちゃった人です。

その大島大使が訊いた。「きみ、外交の要諦《ようてい》とは何か?」。吉野さんは「紛争を極力平和裏に解決することです」と答えた。すると「古い。*クラウゼビッツの『戦争論』を読んでいないのか? 戦争は政治の延長線上にあり、外交も戦争と同じなんだ。この前、松岡《まつおか》(洋右《ようすけ》外相)のバカが来て、モスクワに行くとか言うんで余計なことをするなと言ってやった。ソ連と中立条約なんか結びやがって、ソ連とドイツは必ず戦争することになるんだぞ」と。この話で、大島大使がドイツに食い込んで相当正確な情報を持っていることが分かった。

それから三年間、吉野さんはハイデルベルク大やミュンヘン大、ビュルツブルク大で研修した。ハイデルベルク大では高名な哲学者ヤスパース*の講義を受けたかったんだけれど、ユダヤ人弾圧がひどい状況になっていて、行ってみるとユダヤ人の妻を持つヤスパースはもう講義ができなくなっていたといいます。

それで一九四四年にベルリンの日本大使館に政務班員として正式に赴任し、新聞の翻訳とか暗号の解読をしていたんだけれど、大島大使はヒトラー贔屓《びいき》だから、ドイツが勝つという公電を本省に送り続けるわけ。

ベルリンの鹿児島弁

佐藤　余談だけど、当時の話で面白いのは、ドイツではほとんど日本円が使えないんだけど、大使館にはたっぷり日本円があって、それをスイスに持って行けばスイスフ

クラウゼビッツ　プロイセンの軍人・軍事学者（一七八〇―一八三一）。死後に発表された『戦争論』は近代戦の本質を分析した名著として今なお読み継がれている。

ヤスパース　精神科医で哲学者（一八八三―一九六九）。ハイデッガーとならぶ実存主義哲学の代表者。

ランに替えられたんだって。そのうえ、ドイツには代用コーヒーしかないけど、スイスに行けば本物のコーヒーも手に入る。物資は全部スイスで大量に調達していたんだそうです。

なぜスイスで日本円が両替できたかというと、アメリカが対日工作をするのに日本円が必要でしょう？　アメリカはスパイに持たせるための円をスイスで調達していたんだ。だから、ヨーロッパの日本人は日本円をアメリカに買ってもらうことによって生活していたことになるの。

生徒一同　へえー。

佐藤　それと、ソ連軍が入ってくる一九四五年四月まで、日本との間で国際電話が繫がっていたそうです。

生徒　それもスイス経由なんですか？

佐藤　いや、ベルリンから無線で飛ばしてた。けっこう音質も良かったらしいよ。でも、その通話は当然、敵が盗聴しているじゃない？

生徒　はい。

佐藤　だから、鹿児島弁で話す。

生徒一同　おおー！

佐藤　ちなみに、アメリカもそれと同じことをやって、最前線では先住ナバホ族に全部コミュニケーションさせていたのは有名な話だよね。

教養は重大局面でモノを言う

佐藤　話を戻すと、一九四五年四月、ナチス・ドイツが明らかな劣勢となっている中で、大島大使は「ヒトラー総統は、どうも南部の要塞《ようさい》に立てこもって戦うと言っている。私たちも南部に下がろう」と言い出して、バート・ガシュタインという温泉地へ移りました。ところが在留邦人が五〇〇人ぐらいいるから、それを放っておくのはまずい。ベルリンに残る決死隊が必要だとなって、吉野さんをはじめ九人の大使館員を地下《ちか》壕《ごう》に残らせた。しかも、バート・ガシュタインに着いた大島大使から、「大使館の倉庫から酒とつまみを持ってこい」と言われて、吉野さんは頭上を米軍機《き》からの機銃掃射《じゅうそうしゃ》の雨が降りそそぐ中、ベルリンとバート・ガシュタインを二往復した。助かったのは奇跡としか言いようがない状況だった。

吉野さんは、人生を振り返るとあそこが外務省生活の原点で、この役所は信用できないところがあると知った。そして、もうこのへんで本当のことを話してもいいんじゃないかと思ったんだと、私に仰《おっしゃ》ってくれました。

吉野さんは、なぜ人生の最後になって本当のことをしゃべったのだろう？　沖縄返還交渉の時には、確かに密約が必要だと外務官僚たちは考えた。しかし、歴史に対して嘘《うそ》をつき通すことは、本当に日本のためになるんだろうか。本当に外務省のためになるんだろうか。吉野さんは自らの中に蓄えた知識と見識をもとにそう考えて、最終的に大きな選択をした。教養とはこういう場面で生きてくるわけだよね。

かといって、大島大使が「酒とつまみを持ってこい」と言ったときに断ったら、それは役人ではないんだ。こういう理不尽な話というのは、社会に出てからいくらでもある。そのためには、理不尽な目に遭った人のノンフィクションを読んでおくと、代理経験として役に立つと思う。

「イスラム国」のゲームのルール

生徒　ぜんぜん違う質問なんですが、「イスラム国」（IS）はなんでこんなに拡大しているのか、力の源泉はどこにあるんですか？

佐藤　「イスラム国」の力の源泉というのは、短い目で見ると、激しい党派性《とうはせい》です。

生徒　党派性？

佐藤　要するに、今までのイスラミズム系の運動と異なり、この人たちはアメリカやイスラエルではなくて、同じイスラム教のシーア派を宿敵にしている。つまり、すぐそばに敵がいる。その激しい緊張を持ちながら、実際にシーア派と戦闘することによって、敵を倒し、その地域から略奪もできる。これが彼らの原動力になっている。

生徒　やたらと残虐性《ざんぎゃくせい》をアピールするのはなぜなんでしょう。残虐なものってふつう隠そうとすると思うんですけど……。

佐藤　それは、彼らからしてみれば、残虐とは思っていないからじゃないかな。尾頭《おかしら》がついていてピクピク動いているアジのたたきを出したら、外国人は「残虐だ」といって震え上がり、日本人は「新鮮で旨《うま》そうだ」と思う。それと同様に、切った首をサッカーボール感覚で蹴《け》っ飛《と》ばすようなことをやっている所では別に残虐だとは思っていないんじゃないだろうか。

生徒　残虐性をアピールすることでスポンサーを集めるとかそういう意味合いよりは、そもそも残虐と思っていないというほうが強いんでしょうか？

佐藤　そんなに深い意図はないと思う。その場その場で目の前にある問題を場当《ばあ》たり的に対処しているように見えるよ。もちろん最終的には、世界は単一のカリフ国によって統一されるんだという信念もあるとは思うけれど、その目的をどうやって実現していくかという構想はあまりない感じがするね。まあ、殉教《じゅんきょう》すれば天国に行けると思っている連中だから、われわれとはゲームのルールがだいぶ違うんだ。
生徒　インテリジェンス的な観点から見て、バグダディはちゃんと「イスラム国」をまとめられているんですか？
佐藤　まとめられていない。バグダディというのは一つのアイコンにすぎない。今のバグダディが死んでも、次のバグダディが出てくるだけだ。それに今、「イスラム国」の問題から、事態はイラン、それからさらにイエメンにズレていると思うんだよ。しかし、私に言わせれば、アメリカのオバマ政権が中東情勢をよく分かっていない。同様にロシアのこともよく分かっていない。

中東全域が核保有する日

佐藤　今年の一月七日から九日のフランスにおけるシャルリー・エブド紙を標的にした連続テロ事件以降、明らかにヨーロッパの考え方は変わりました。「イスラム国」は本格的にイスラム世界革命をやろうとしているんだ、と。ここで「イスラム国」とロシアの二正面作戦をやったら負ける。だから、ウクライナに関してはロシアに全面的に譲歩する。ロシアにとっても「イスラム国」は脅威だろうから、ヨーロッパは団結して「イスラム国」に対峙《たいじ》する。そういう考え方で問題を処理しようとし始めている。

ところがアメリカは、「ロシアにはひどい目に遭わされた」と思っている。シリアのアサド大統領に「自国民に毒ガス兵器を使ったら軍事制裁を加えるぞ」と通告したにもかかわらず、シリアが実際に毒ガス兵器を使った時に空爆できなかったのはロシアが介入してきたからだし、ウクライナ問題でも基本的な価値観が相容《あいい》れない。だからイスラム国との戦いでロシアと連携するつもりはない。かといって、アメリカ単独では地上戦ができない。となると、イスラム国と戦うために「敵の敵」であるシーア派国家・イランとは手を握れる。ただし、イランは核開発を行っているのがネックだ。ハメネイ宗教最高指導者やロウハニ大統領は合理主義者だから、おそらくペルシャ帝国の拡大のために核カードを帝国主義的に使っていくだろう。しかし、核を抑止力として使っていく考えだから核戦争は起きないはずだ。と、アメリカはこんなふうに読んでいるんだろうと思う。

そんなに甘い認識で良いのだろうか？

皆さん、広島と長崎の原爆が違うことは知っているよね。

生徒 広島がウラン原爆で、長崎がプルトニウム原爆です。

佐藤 そうだね。このうちウランは濃縮しないと使えない。原子力発電などの平和利用をする場合、濃縮はだいたい何パーセントにするかな?

生徒　二五パーセント。

別の生徒　一〇パーセント。

佐藤　二五パーセントだったら相当高い。正解は五パーセントだ。では原爆にするには?

また別の生徒　四〇パーセント?

佐藤　もっと必要で、九〇パーセントなんだ。そうすると、いまイランは二〇パーセントの濃縮能力がある。平和利用のためと言えば言えないこともないけれど、原発だったら五パーセントで十分なはずだ。そもそもイランは豊富な天然ガスと石油に恵まれた国で、エネルギーが逼迫《ひっぱく》しているような状況ではない。じゃあ、なんで平和利用だと言いながら原発を作ろうとしている?　それは明白だよね。

生徒　核兵器開発、ですか。

佐藤　その通り。今の時点で二〇パーセントのウラン濃縮技術があるとすれば、インテリジェンスの専門家の見方だと、あと一年でそれを九〇パーセントまで高めることができる。となると、広島型の原爆は作れる。爆弾を作ったら次は核弾頭に搭載できるよう小型化しないといけないけど、それも一年あれば可能になるという。

ちなみに、イランはシャハブ3という弾道ミサイルを持っていて、これはイスラエルからヨーロッパまでが射程距離に入る。インテリジェンスの世界では、シャハブ3が北朝鮮のミサイル、ノドン2のコピーだということは常識だ。ということは？

生徒　北朝鮮が輸出しているんですか？

佐藤　そう、北朝鮮が技術を密かに移転した。だから日本はイランのアザデガン油田の開発プロジェクトから手を引かざるを得なくなった。日本がＯＤＡで投下したお金がイラン、ひいては北朝鮮のミサイルと核開発に繋がるからだ。

さらに今、世界は別の心配をしている。それはサウジアラビアが核を持つことだ。よく考えてみて――パキスタンのような極貧状態にある国が、なぜ自力で核開発できると思う？　サウジアラビアが金を出しているからだよ。

生徒　そうなんですか！

佐藤　じゃあ、もしサウジアラビアとパキスタンの間にあるイランが核を持つことになったらどうなるだろう。

生徒　お金を出した見返りとしてサウジがパキスタンから核を受け取るということに……。

佐藤　そう、パキスタンにある核弾頭の幾つかを、サウジアラビアに移動する秘密協定が存在すると国際社会は見ている。そうなっても、アメリカとサウジアラビアの関係は非常に複雑だから、アメリカは物理的に介入して阻止することはしないし、できない。そうなったら中東の他の国、アラブ首長国連邦やカタール、オマーンもパキスタンから核を買うだろう。エジプトやヨルダンは自力で核開発が可能だ。こうして核不拡散条約（NPT）体制は崩壊する。

そうなると、アジアでは韓国が核開発をし始めるだろう。かつて朴正熙《パクチョンヒ》大統領の時代に、韓国が核開発しようとしたのをアメリカが潰《つぶ》したことがあるんです。慰安婦問題や竹島問題の解決を、核カードをチラつかせながら日本へ要求してくるようになる可能性は十分ある。北朝鮮の核よりも韓国の核のほうが日本にとっては厄介だ。そんなふうに国際秩序が大きく変化する危険性があるんだ。

さらにプラスして、サウジアラビアの王政って盤石《ばんじゃく》じゃないからね。今回サウジアラビアは、大統領が事実上国外に亡命して権力空白状態のイエメンに、シーア派武装勢力を叩《たた》くための本格的な軍事介入を始めたでしょう？

生徒一同　ああ……。

佐藤　イエメンのシーア派を支援しているのがイラン、スンナ派を支援しているのがサウジアラビアという構図で、イエメンで代理戦争をやってるわけなんですよ。そうするとこの混乱の結果、スンナ派の「イスラム国」の影響がサウジアラビアに及んで、サウジアラビアが核を持った場合、イコール、「イスラム国」が核を持つことになる可能性があるわけ。そうしたら、これは使うぜ。

生徒　はい。

別の生徒　そうですね。

佐藤　そうなると、国際社会のゲームのルールが一気に変わる。それを今、各国の情報屋さんたちはみんな心配しているわけ。

イランとイラクを指せますか？

佐藤　しかし、オバマさんの外交下手《べた》を笑う資格は日本には全くないよね。日本では集団的自衛権をめぐる完全にトンチンカンな議論が展開されている。だいたいホルムズ海峡が封鎖されるなんてことを議論する意味はどこにあるの？　どの国が機雷《きらい》を仕掛けるわけ？

生徒　イランでしょうか？

佐藤　その場合、国際航路帯《こくさいこうろたい》はどこにある？　国際航路帯はイランの領海に入らないよう、全部アラビア半島側を通っているんだよ。ホルムズ海峡は、どこの国に面していると思う？

生徒　イランとオマーン？

佐藤　そう、アラビア半島側はオマーンだ。地理的に見るとアラブ首長国連邦のように見えるけど、先端の部分だけはオマーンだからね。オマーンは飛び地を持っています。船乗りシンドバッドの国で、もともとインドからマダガスカルの辺りまで、たくさんの植民地を持っていた非常に大きな国だったからね。いまだに要衝《ようしょう》は握っているわけなんだ。

オマーンは一九七〇年代の初めまで鎖国していたんだけれども、イギリスがオマーンを重視して、一九世紀からイギリスとの関係は緊密だった。そのせいかオマーン人というのは非常に勤勉ですよ。ちなみに東京大学の中東研究という寄付講座は、オマーンの金でやっています。だから日本とは友好国なんです。

それで話を戻すと、国際航路帯はオマーンの領海内を通っているでしょう？

生徒　はい。

佐藤　そうすると、オマーンの領海内に機雷を敷設《ふせつ》するということは、国際法上、イランがオマーンに宣戦布告をしたことになる。だけど、オマーンはイランとは絶対に戦争をしません。サウジアラビアとイランとの間で、非常に厳正な中立政策をとっているから。

そんな状況なのに、もしオマーン・イラン戦争が起きたらオマーンを支援して機雷を除去してやるよという、訳のわからない仮説を日本は組み立てているわけだよ。オマーンにしてみれば迷惑千万《めいわくせんばん》で、「頼むからそんな無用な波風を立てる話をしないでくれ」と思っているよ。あまりにも机上《きじょう》の空論《くうろん》すぎて、国際社会で全然ニュースになっていない。レベルが低いというか、あり得ないシナリオだから。

生徒　相手にされていない……。

佐藤　千葉が日本から独立した場合に何が起きるか、利根川《とねがわ》あたりで銃撃戦が起きるかもしれない、という話と同じことだからね。あまりにも現実離れしているので、みんな相手にしないわけだ。

たぶん安倍さんは、国際航路帯がどこを走っているのかとか、そういうことに関心がないんだと思う。単にサダム・フセイン政権時代に掃海艇《そうかいてい》を出したことを成功体験として、そういうことができればいいなあと妄想《もうそう》しているって感じだね。

生徒　それは、意図してそういった議論を誘導しているのか――。

佐藤　意図していないと思うね。忙しいし、難しいことはあんまり考えないと思うし。説明する人がいたとしても頭に入らないいんだと思う。政治家というのは、本当にアバウトだから。だいたい、イランとイラクの場所を正確に指し示《さ》せる政治家って、今の国会議員の中で半分もいないと思うよ。

生徒一同　えー！

生徒　それは日本の知識偏重型の高等教育制度と、ちょっと相反《あいはん》することに思えるんですけども。

佐藤　それが相反さないんだな。どうしてかというと、〈何のために知識を蓄えるか〉という動機づけが非常に弱いから。人間は嫌いで意味がないことは、絶対に記憶に定着させられない。逆に言うと嫌いであっても、意味があると思えば覚えられる。

動機づけがきちんとされていないから、現在の世界の基本的枠組みとされるウェストファリア体制が成立したのは一六四八年とか、そうした基礎的知識さえ頭に残っていない。そんな人に国際政治を語る資格はないんだけど、どれだけの国会議員が覚えているだろうね。

ロシアがシリアに肩入れするわけ

生徒　中東の話でいうと、僕はロシアの対中東政策がいまいち分かっていないんです。シリアのアサド政権をやたら支援して、国連安保理の制裁案に拒否権を発動することでけっこう守ってやっているなという感じがするんですけど、それが結局ロシアにとってどういう意味を持つのか……。

佐藤　ロシアの中東戦略の一環なんだけれども、ロシアを大国としていくためのカードとして中東を使うという、それ以上でもそれ以下でもない。

　世界で最初にイスラエルを承認したのはアメリカ。その次はソビエトだった。どうして？　あれはイギリス帝国主義に対抗するという観点からだった。

　それから第一次中東戦争でアラブ連合軍に対してイスラエルが勝利したのはメッサーシュミット機Bf109というのを持っていたからだけど、その訓練はソ連の指令を受けたチェコスロバキアの軍事顧問団がやっていたんです。だから第一次中東戦争、独立戦争の時は、ソ連はイスラエル側だった。

　それが第二次世界大戦後、ソ連で反ユダヤキャンペーンが始まり、一九五三年にその最大の事件である「白衣の医師団陰謀事件」が起きたのをきっかけに、ユダヤ人およびイスラエルとの関係が決定的に悪化した。これは、ほぼユダヤ人で構成されたスターリンの顧問医師団を、スターリンの暗殺を企《くわだ》てたという完全なでっち上げ容疑で粛清《しゅくせい》しようとした事件です。でも、それまではソ連とイスラエルの関係はそんなに悪くなかったんだ。

ましてアラブなんてロシアにはほとんど関係がなかった。関係を持つようになったのは、アラブ諸国にテコ入れすることによって国際政治に強い影響を与えることができると思ったからで、アラブに対する思い入れなんてロシアには全然ない。

生徒　シリアと仲がいいのはどうしてなんですか？

佐藤　仲がいいというか、シリアにしてもイランにしても、ロシアとしてはアメリカに対抗するカードとして使えるからというだけ。

生徒　どういうカードとして使っていこうと思っているんでしょうか。

佐藤　アメリカの外交というのは極めて単純なレッドライン外交だよね。ここが赤線です、この線を越えたら攻撃しますよ、と。でも今回シリアに対してオバマは空爆できなかった。さっきも言った通り、ロシアがヨーロッパを巻き込んで邪魔をしたから。ロシアは「国際社会はアメリカの思い通りに動かせないんだ」ということを可視化させるためにシリアを利用しただけだよね。

生徒　じゃあ、いわゆる〈漁夫《ぎょふ》の利《り》〉的な感じで。

佐藤　そういうこと。だから、単なる道具としてしか考えていない。

生徒　アメリカがレッドラインを設定して、「ここを越えると攻撃する」と通告するのは、けっこう重大な決断だと思うんですけど、その時点ではロシアの動きは読めていなかったんでしょうか。

佐藤　読めていなかったんだと思う。それと同時にヨーロッパの動きも読めていなかった。

これは、アジアインフラ投資銀行（ＡＩＩＢ）*の件だってそうです。アメリカはイギリスの動きすら読めていなかったし、ましてや雪だるま式にヨーロッパが全部加入していっちゃうなんて考えもしなかったんだよね。アメリカ人は、人の気持ちを読むのが非常に苦手なんだ。なぜかというと強すぎるから。最終的には力で解決しちゃうからだよ。

生徒　すでにアメリカには読みの甘さによる実害が出てきている気がするんですが、

アジアインフラ投資銀行（ＡＩＩＢ）　中国が主導するアジア太平洋地域へのインフラ投資を目的とした国際金融機関。二〇一六年一月に開業し、五七カ国が加盟して発足。類似機関として日米主導のアジア開発銀行（ＡＤＢ）が既にあり、またＡＩＩＢの運用が不透明だとして、日米は参加を見送ったが、共同歩調を保っていたＧ７加盟国のイギリスがＡＩＩＢ参加を表明。ヨーロッパ主要国がそれに続いたことで、アジアでの日米の存在感が弱まるのではないかと懸念《けねん》する声がある。

それでもやっぱり変われないんですか。それとも今は変わっていく過渡期《かとき》なんですか。

佐藤　オバマさんにとって、変わることは自分の間違いを認めたということになるでしょう？　そうすると共和党のみならず、民主党の内部からも批判を招く。それよりは、今のまま続けたほうがリスクは少ないんだろうね。

今のオバマさんの発想は、オバマ政権の残り時間でマイナス評価を最小限にしていくという守りの姿勢がベースになっている。下手な仕掛けをして、弾劾《だんがい》でも食らっちゃったら大変でしょ。大統領の三選はないから、次の選挙の心配はしなくていい。だから人気を上げるより、つつがなく上手《うま》くやりおおせて逃げきろうと考えている。

アメリカン・エリートは一人五〇〇〇万円

佐藤　皆さんの中で、直接アメリカの大学に行く人は何人いる？　あるいは、それを希望している人は？

生徒　知っている限りで三人くらいです。

佐藤　それは、いい時期にアメリカに行くかもしれないね。

生徒　アメリカが覇権《はけん》国家の座から滑り落ちる時期に、ということですか？

佐藤　そう簡単には落ちないだろうけど、ヒラリー・クリントンのアメリカになったら、相当ネオコン的な雰囲気になってくると思うんだ。そういう国家の様子を間近で見ることは面白い経験になると思う。

たぶん今度の選挙には共和党は勝てないからね。どうしてかというと、現時点でアメリカ国民の三八パーセントが、いわゆる非白人でしょう？　二〇四三年には白人を上回る数になると言われている。でも、今の共和党の政策はこの人たちを無視していますよ。そんなわけで〈普通の民衆〉は自然と民主党支持に回ることになる（編集部注：二〇一六年の米大統領選挙では、民主党ヒラリー・クリントンの二三二人に対し、共和党のドナルド・トランプが過半数を超す三〇六人の選挙人を集め勝利した）。

生徒　民衆はティーパーティー*のほうに引っ張られなかったということですか？

佐藤　ティーパーティーは、裾野《すその》に当たる層の支持は持っているけれども、問題はそれ以外の中間層なんだね。本当は金持ちの白人にとってプラスになる政策を、状況がよく分かってないティーパーティーが支持しているという構造だからね。そうすると、

ティーパーティー　二〇〇九年にアメリカで生まれた保守派の市民運動。医療保険改革や金融機関救済を目的としたオバマ大統領の増税政策に反対し、アメリカの伝統的な価値観への回帰を志向する。

今後何が起きてくるかというと、たぶん民主的な手続きによらずして国家意思を決めるという方向にアメリカはシフトしていくと思う。
生徒　アメリカが民主主義を捨てると？
佐藤　事実上ね。一つは諮問《しもん》会議みたいなものをどんどん作って、行政が議会に対して優位になってくる。それから教育のアファーマティブ・アクション*を徐々にやめていくと思う。「教育は競争を通じて行われる」という形で競争を奨励《しょうれい》し、エリート層がより権力を握っていく国になる。今、アメリカのエリート大学は、学部の四年間ではほとんど専門教育をしなくなっているでしょう？　一般教養重視で。
生徒　はい。
佐藤　専門科目は、事実上は全部大学院で行われるでしょう？　だから大学院まで行ける人がエリートになる。逆に言うと、そのための費用を用意できる家庭の出身者しかエリートになれない。
　それで、アメリカの大学を希望している人はどこへ行こうと思っているの？　スタンフォード？　ハーバード？
生徒　まだ分かんないですけど……。
佐藤　意外とアマースト大とかブラウン大とか小さいところもいいけどね。

そういった大学で、今、学費が年に四万ドルから五万ドルかかる。それで六年間だと？

生徒　二四万ドル……。

佐藤　日本円にすると三〇〇〇万円。生活費をある程度プラスして考えると、やっぱり親には五〇〇〇万円ぐらい用意してもらわないと大学院まで行けない。奨学金《しょうがくきん》を取れる成績ならいいけど、アルバイトをしたり、お金のことを心配しながらだと勉強に十分身が入らないからね。もし皆さんの親が五〇〇〇万円なり七〇〇〇万円なりを教育のために出せる余裕があるんだったら、それは遠慮なく出してもらえばいい。アメリカの一流大学の大学院を卒業して向こうで就職すれば卒業後一〇年で親に返せる。それぐらいの給与が約束されているから。

アメリカの大学を勧める理由

生徒　すみません、僕はアメリカの大学に行くかどうか別に決めているわけではない

アファーマティブ・アクション　社会的・経済的な格差や差別によって不利益を被《こうむ》る人々を積極的に優遇する措置。

んですけど、佐藤さんがなぜ日本の大学でなくて、わざわざアメリカの大学に行くのがいいとおっしゃるのか理由を知りたいです。

佐藤　それは、将来何をやりたいかによって変わってくる。もし日本で根を張って仕事をやっていきたいのなら、日本の大学に行ったほうがいい。

ただ、自然科学系、国際金融、会計なんかをやりたい人は、アメリカに行った方がいい。弁護士資格を取りたい人も先にアメリカで国際弁護士資格を取って、向こうで経験を積んでから日本の法科大学院に入って司法試験に通ったほうがいいと思う。

生徒　なんでですか？

佐藤　それは、そっちのほうが絶対に仕事として面白いから。今、日本の弁護士は本当につまらないよ。弁護士って基本的に金持ちの味方だからね。怪しげな会社の顧問をやって、脱税をいかにして適法にするかというような仕事が中心になってくる。若い弁護士たちは、消費者金融のグレーゾーンの金利、いわゆる「過払《かばら》い金《きん》」の取戻しがけっこうメインの仕事でしょ。そうすると、行政書士に使われるような弁護士も出てきている。

僕は率直に言って、弁護士とか公認会計士はものすごくコストパフォーマンスの悪い仕事だと思う。努力をして資格を取るわりに、そのあとの仕事の面白さがあまりないし、経済的にも報われない。裁判官や検察官だって、まあ検察は少し面白いところがあるかもしれないけど、日本の裁判官は面白いと思えないな。法律で物事を決めたりする面白さを考えたら、やっぱり国際舞台で活動する方がいい。

それに、英語を高いレベルで使えるようにしたいと考えるなら、海外に出るのは早いほうがいい。二〇代前後で外国で生活をするか、三〇代で生活するかでは、だいぶ違ってくる。

生徒　そうなんですね。

佐藤　うん。特にアメリカの大学へ行くメリットというのは、書く訓練ができることなんですよ。話すことは日本の大学を出てから、たとえば外務省の研修とか商社の研修とか、そういったところでできるようになるけれど、書く力っていうのは英語圏の大学でやらないと身につかない。

ちなみに、日本の外務省の研修では、学位取得は全然奨励していないからね。

生徒　なぜですか？

佐藤　学位取得を目指すと、語学の習得がおろそかになる危険性がある、というのが伝統的な外務省の発想だから。「学校に行かないで毎日パブで飲み歩いていてもいい。しかし言葉だけはうまくなってくれ」が、外務省のやり方。それはそれで問題があるんだけれど、実際のところ外交官はいくら立派な論文が書けたって、相手の言っていることが分からなければ、あるいは自分の言いたいことを通じさせなければ駄目だからね。

「語学は複数習得」が国際基準

生徒　その外交みたいな仕事に将来就きたいと思っている場合、大学でどう学んでいくのがお勧めでしょうか。

佐藤　外交だったら、大学はどこでもいいよ。ただ、一番の近道は東京大学教養学部の国際関係専攻だね。あるいは法学部の公法コース。それで、国家公務員試験でできるだけいい点を取って、早く外務省に入っちゃうことだよ。

生徒　語学の勉強とかは？

佐藤　語学は外務省に入ってからでいいと思う。ただし、これからのことを考えると、もし大学時代に余裕があるんだったら、英語と中国語をやっておいたほうがいいだろうね。

日本の外務省の場合、これからは中国語ができて当たり前になってくる。戦前の外務省において、「英語だけじゃ駄目だ、フランス語ができないと」という気風が当たり前だったのと近い雰囲気になってくるかもしれない。
それに今の国際基準で考えても、たとえばロシア語しかできないロシア専門家っていないんだよね。ロシア語とあともう一つスラブ語ができることはマストなんだ。ポーランド語とかチェコ語とかセルビア語とか。

生徒　それは、なんのために？

佐藤　ロシア語しかできないと、発想がロシア的になってきて、他と比較ができないからだよ。ロシア的な思考が理解できて、かつロシアに対する批判的な視点を持つ専門家というのが生まれてこない。

逆に、国際的に日本語の専門家になるためには、日本方言だけでは駄目。琉球《りゅうきゅう》方言を知らないといけない。アメリカの日本語学者には、意外と琉球語の文法構造を理解している人、琉球語をしゃべる人が多いんだよ。しゃべれるまでのレベルは必ずしも必要ではないけれど、どういう文法構造になっていて、どんなふうに日本語と分化しているのかを知ることが、日本語を相対化するために必要なんだよね。

だから日本でもそうだけど、大学の日本語学の講座には琉球語講座もあります。

危うきに近付き、踏み込まない

生徒　佐藤さんは、同志社大学神学部時代に学生運動に身を投じられていらっしゃったみたいなんですけど。

佐藤　本を正確に読んでもらえれば分かるけれど、私は運動のメインストリームにはいなかった。要するに、自治会の常任メンバーではなくて、自治会同士のトラブルを処理する際に開かれる学生大会の議長をやるような感じで、常に周縁部《しゅうえんぶ》にいたんです。

生徒　学生運動的なものは、やっぱり学生にとっては必要な経験だと思われますか？

佐藤　必要ないと思う。

生徒　必要ないんですか？

佐藤　ない。ただ、学生運動の間近にいたことで、ハマりこむと危険なものが世の中にはあると知ることができたのは有益だった。そうした依存性の高いものが現代にはいろいろある。学生運動もそうだし、薬物も金も異性もアルコールもゲームもそうだ。それらがどう危険なのかということをある程度の体験を通じて、でも本当に危ないところには入らないで知っておくというのは、皆さんが学生時代に勉強しなければならないことの一つだとは思う。

生徒　距離感を保ったうえで学んでいくっていうのが大事なんですね。

佐藤　そういうこと。マックス・ウェーバー*が『職業としての政治』の中で「政治とは目測だ」と言ったでしょう。危険なものと巡り合うたびに、毎回その距離は違います。それをきちんと測ってくださいね。

あと、皆さん、本当にいい友だちを持っておくことは大事だよ。友だちがLINEで一〇〇〇人いるとか、Facebookで三〇〇〇人いるとか、そういう友だちじゃなくてリアルな友だち。最後まで自分の言っていることに耳を傾けてくれる、そういう人が何人いるかがとても大切なことなんだ。

競争が好きな自分を認めよう

佐藤　皆さんの場合、なぜこの学校に入ったかというと、小学校のとき成績が良かったから、ぜひチャレンジしてみたいと思ったわけじゃない？

生徒一同　はい。

佐藤　それで、やっぱり合格したときは嬉《うれ》しかったでしょ？　今だって自分の学校を

マックス・ウェーバー　ドイツの社会学者・経済学者（一八六四―一九二〇）。『プロテスタンティズムの倫理と資本主義の精神』を著して社会学の礎《いしずえ》を築いた。

誇りにしているわけじゃない？　そこはやっぱり正直に認めた方がいい。基本的には競争が好きなんだということ、競争で勝ちたいんだということは、認めてしまった方がいい。ただし、学校の中で、先生はあんまり勉強の話をしないでしょう？

生徒　そうですね。

佐藤　そりゃあ超エリート校で勉強の話を本格的にし出したら、本当に学校の中の雰囲気が悪くなるからね。みんながどれほど焦《あせ》っているか、どれほど成績を気にしているかというのは、先生たちは誰よりもよく分かっている。

時々、飛び抜けてよくできる人っているじゃないか。そういう人に関しては、先生はどっちかというと、あんまりかわいがらずに知らんぷりみたいな感じだろ？　でも、それはそうすることで非常にかわいがっているんだよ。

それから、「これは大変だ、全然ついてこれてない」と思う生徒に関しても、「お前、出来《でき》が悪いなあ」みたいなことを一切言わないでしょ。だけど、やっぱり非常に心配しているわけ。

要するに、超エリートが集まる学校というのは、競争の問題を表には絶対に出さない文化があるんだ。それを表に出すと本当にギスギスしてくるから。これは財務省や外務省あたりの霞が関の中央官庁も一緒だ。とりわけ外務省の場合は、ノンキャリアでも待遇がいいわけね。研修で一人一五〇〇万円から三〇〇〇万円ぐらいの費用をかけるし、キャリアもノンキャリアも三五歳ぐらいまでやっている仕事は同じだから。これは他の役所ではないことです。どうしてかというと、国際社会に出ていった場合に、それは関係ないから。

生徒一同　ああ、そうか。

佐藤　でも、一つの考え方として、キャリア、ノンキャリアをなくしちゃって、みんなで競争させようという方向もアリだよね。どうせパイは小さいんだから、キャリアを二〇人ぐらい、ノンキャリアを五〇人ぐらいに絞り込んで、七〇人で競争させると。でも、それをやったらギクシャクし過ぎるんだよ、きっと。きちんと棲《す》み分けていたほうがいいんだ。その棲み分けというのが、一種の〈シェア〉なんだよね。

財務省とか経産省に行くと、ノンキャリアの連中って局を動かないんですよ。そうすると実務に関して、キャリアは経験を積んだノンキャリアに絶対に勝てない。そうすると、キャリアは最初からマネジメントのほうへ行くようになる。

出版社でもそういう傾向ってあるんだよ。新潮社は比較的、配属された部門から動かない。今は少し動くようになったけれども、昔は週刊新潮へ配属されたらそのまま二〇年とか、よくある話だった。文藝春秋は定期的にあちこちへ動かす。ただ新潮社も文藝春秋も、僕ら作家の書いたものを読んで、これじゃあ駄目だという時には、「こういうふうにしたらどうですか」と提案ができる。ということは、いざとなったら自分たちでも書ける。だから新潮や文春の編集者から作家になった人はけっこういる。

講談社は社風が全然違う。ほとんど自分たちは書いたり提案したりはしない。その代わり、優れたフリーランスの編集者やライターを連れてきて、どういうふうに本を作り上げるかという管理職の仕事を二〇代後半からしているわけ。どんな世界にも社風ってあるんだよ。

逆に言うと社風に合わないところに行って不幸になるケースもありうるよね。

軌道修正も想定する

佐藤　皆さんの場合、上位集団の中でのちょっとした差異が気になったりするだろうけれど、全体として見れば標準的な世界とはかなりかけ離れたエリート集団に所属している。その中で自分の持っている適性とか、今後、社会にどういう役割を果たすか、職業は何を選択するかを考えながら大学生活を送っていくわけだけど、言うは易《やす》しで、これけっこう大変だよね。どの道を選択するかは、かなり偶然にも左右されるから。

だから、もし間違えたり、適性のない方向へ行った場合に、いかにして軌道修正するかが非常に重要になってくる。

生徒 自分に適性がないと分かった時はどうしたらいいんでしょう?

佐藤 そのためには、早くから狭い専門分野に特化しないで、幅広くいろんなことをやっておくこと。そうすると移動が比較的楽になります。たとえばこれから文科系に進んで行く人は、大学に入ってから数学の講座をとる。そこで数Ⅲのレベル、さらに偏微分とか重積分あたりまで進めておけばいい。

理科系に行った人は、世界史・日本史はもとより地理とか倫理、哲学、こういうものをきちんと理解しておく。大学の教養課程の中で自分が苦手だなと思うものをきちんと補強して、三分の二が文科で三分の一が理科、もしくはその逆という感じを目指すといい。どちらかというと軸足が文系にあります、理系にありますという程度にしておくことじゃないかな。

海外を見ると、ケンブリッジもオックスフォードもハーバードもスタンフォードもモスクワ国立大学も、主な専攻を三つ決めさせるようになっている。三つのうち二つは文科系を選んだら、もう一つは理科系を選ばせるとか、一つの専攻にハマりこまないようになっているんだ。なので、卒業時には日本でいうと三つの学部を修了するレベルになるわけ。日本は早い段階からいずれかに特化せざるを得ない教育システムだから、将来の選択の幅を狭めてしまう。

そこで東京大学は、早い時点で学生の専門を特化させないために駒場の教養学部を作って、一、二年生を全員そこで勉強させることにした。ただ教養学部の専門課程に上がろうと思ったら、これは法学部に上がるより高い内部進学点が必要になってくる。するとも成績の良い学生は、なんとなく駒場の教養学部に残ろうとしちゃう。これまでの人生で競争に勝ってきた人間の習性として、内部進学点が高いところにトライしたい気持ちになっちゃうんだ。

そうすると奇妙な現象が起きます。文学部で哲学を研究する思想文化学科の哲学専修課程は、定員割れするんじゃないかというぐらい易しいのに、教養学部で哲学を研究する学際科学科や教養学科現代思想コースは、ものすごーく内部進学点が高くて、文Ⅰ出身者が多くなったりする。

私は文部教官《もんぶきょうかん》の発令《はつれい》を受けて、一九九六年から二〇〇二年まで東大の教養学部後期課程で教鞭《きょうべん》をとっていたことがある。地域文化研究学科だったんだけど、そこは外務省に進む学生が多いところで、みんな成績はものすごくいい。

最初の年は受講生が三人。そのうち一人が外交官になって二人が学者になったから私としては非常にハッピーだった。でもその翌年は受講生が三五人も来ちゃった。三五人ではゼミ形式の授業として成り立たない。

だから、僕はイタズラをしてね。二回目の授業の冒頭で試験をやったわけ。一回目の講義で話した内容を再現しろと。たとえば、民族理論における原初主義、道具主義とは何かとか、ゲルナーの民族に関する定義は何かとか。学生はそんな不意打ちをしてくるなんて考えていないからね、八点とか一〇点とか散々な点数をつけてやった。そうしたら、もう次回から来なくなると思った。でも、みんな来るんだよ。その話を外務省でしたら東大法学部を出た後輩に言われた。

「佐藤さんは東大生の心理を分かっていない。東大生は人生でそんな点数を取ったことがない。こんな屈辱があるか、絶対にチャレンジして落とさないぞと、かえって燃えるんだ」と。

私は同志社レベルの感覚で考えて、絶対にみんな逃げて来なくなって、数人に絞り込めると単純に思っていたのね。みんなのようなエリートの意識が分かっていなかったんだ。それから私は毎回試験をやった。初めに試験の問題を配って、講義を聴きながら答案を書いて終わるまでにちゃんと提出しろ、君たちは両方できるはずだ、こういったことをやるのが要領なんだと言った。確かにそれは要領がつくよ（一同笑）。

東大で教えた経験は私としては非常に良かった。やっぱり学生の質がものすごくいい。けれども、私みたいにイタズラ教育をする人間があんまりいないから、同質化体質が強い中において、東大生たちはすぐ競争に走っていく。それでみんな疲れ切っちゃうように見えた。

ただ、競争そのものを否定してはいけないよ。これは必ずついて回るものだから。

それから、ちょっと逸《そ》れるようだけど、思想的な耐性を持とう。オウムもそうだけれども、宗教には気をつけること。あと宗教と同じぐらい怖いのが金儲《かねもう》けだ。

たとえば、東大あたりへ行って在学中に起業してみる。スマホのアプリかなんか作って、それをマネジメントしていくつか当てれば、あっという間に一年で一億円ぐらいの金が入ってくる。そうなるとそっちが面白くなっちゃって学業がバカバカしくなる。それで実業界に行く、ベンチャーをやる……と、そういうモデルに流れて行くことがあるかもしれないけれども、よく考えたら、町工場だって、あるいはパチンコ屋だってゲーム屋だって、ちょっと当たれば数億ぐらいの金を稼ぐ人はいくらでもいる。たかがそれだけのために知的なものを全く放棄しちゃうのは、バカバカしいことだから気をつけてね。

良心と愛国心が衝突したら

生徒　宗教に気をつけろというお話がありましたが、佐藤さんはナショナリズムは疑《ぎ》似《じ》宗教だと書いていらっしゃいました。「国家や貨幣は究極以前のものであって、これに尊さを感じるのは、神の怒りを招くことだ」でしたか。でも、国策《こくさく》捜査で獄中にあった時も、祖国への愛は揺るぎなかったとも書いていらっしゃる。祖国への愛というものをご自身でどう定義されているのか、お聞きしたいです。

佐藤　ナショナリズムという宗教からわれわれは逃れることはできないし、特に官僚という仕事をやった場合は、それは建前でもある。しかし、建前もまた重要なんです。「形式は実体を与える」という言葉どおり、建前であっても国家を中心に物事を考えるという心構えが外交官には身についているんです。

生徒　官僚になることで、国家という視点からより物事が見えるような傾向が……。

佐藤　とても強くなる。と同時に、国家が現実にどう影響を与えるかということを意識する。私なんかの場合は、ソ連の崩壊を実地で経験しているから、国家の壊滅が最終的には普通の人たちにどれぐらい不幸をもたらすのかということをこの目で見てきた。自分自身が見たものの影響からはなかなか離れることはできないよね。

生徒　神学的良心と愛国心が相反することはないんですか？

佐藤　それはある。

生徒　どんなときに起こるのでしょう。

佐藤　たとえば鈴木宗男事件の時だね。外務省イコール国家と考えるのだったら、「鈴木宗男はもう組織として切ることに決めた人物なんだから、お前も縁を切れ、叩く方に回れ」と言われたとき、役人として取るべき態度は決まってくる。でも、そのときに出てくるのが自分の神学的というかキリスト教徒としての良心だよね。人間としてこういうことをやっていいのかと思った。それと同時に、こういうことをやったら、中長期的に見て日本の国のためにならないだろうとも思った。つまり、鈴木さんにはいろんなお願いをしてきた経緯がある。鈴木さんは外務省のこと、外交のことを知りすぎている。こっちが「黙っていてくれ」とお願いすれば黙っていてくれるという人間的な信頼関係をつなぎ留めないといけない。それで悩んだ末、私は、今の外務省の方針とは違うことをやったほうが国のためになると思ってそうした。

あるいは、『自壊する帝国』に書いたことだけれど、私が親しくしていたリトアニアのソ連派共産党の幹部が逮捕されるかもしれないという事態が起きた。何かあったときには家族を亡命させるから手伝ってくれと言われていて、そいつが逮捕されないようにするために、リトアニア政府の幹部立ち合いのもとで会合をやった。そういうことも、外務省としては内政干渉《ないせいかんしょう》になる恐れがあるから、決してやっちゃいけないことだ。だから上司には絶対に相談も報告もしなかった。

生徒　反体制派と接触する時なんかにも、そういう局面は……。

佐藤　それはあるよ。私の場合、ソ連が崩壊して反体制派がそのまま今度は体制派になったから、ものすごい得をしたんだけど、もしクーデター未遂《みすい》事件が未遂に終わらず、クーデター派が勝っていたら、任期を短くして日本に逃げて帰らなければいけなくなる可能性も大いにあった。自分の良心に従って動くことは、時に大きなリスクを伴《ともな》いもするんだよ。

　計算を度外視して、自分はこの人間とどう付き合っていくのか。良心とは何か、友情とは何か、信頼関係とは何なのかということが問われる局面は、人生でそんなに多くないけれど、何回かは必ずある。皆さんも将来、社会に出てから分かると思うけど、上司なり組織なりに相談していいことと、いけないことの区分というのがあるからね。自分の良心に従う時には、バカなふりをしたり、「あ、忘れていました」とか言って、意図的に報告しないことも選択肢としてありうる。例えばそうやって嘘《うそ》をつくのと黙っているのは違う、ということを覚えるわけ。

　ただ、そのへんのズルさは、社会に出る前から身に付けないほうがいいと思う。皆さんは頭がいいから、ズルさの方向で知恵を身に付けると、そっちでえらく特化しちゃうからね。「よし、俺は東大を首席で卒業する。そのためなら必要最少単位プラス二単位取ってやろう」とかね(笑)。

「話者の誠実性」を見極めよ

佐藤　それから、「変な人だなあ、この人の考えは合わないなあ」と思っても、相手の考えを最後まで聞いて、この人はどうしてこういう思考法をするのか、と考えてみるクセをつけよう。

たとえば、「イスラム国」絡《がら》みでマスコミに発言している中田考さんに対して、私は厳しいことを書いているし、言っているよ。しかし、皆さんはそこのところは虚心《きょしん》坦懐《たんかい》にね。中田さんが優れた専門家であって極めて能力の高い人であることは間違いないのだから。

それに彼自身は自分の考えていることを戦略的にではなく、できるだけ誠実に語っている。その意味で知的に誠実であることは、彼のテキストを読んでいれば分かります。ただ、それと政治的な形での対立や批判は、全然別の話だからね。

話者の誠実性を見抜く力は、非常に重要だと思う。この人の発言は戦略的なのか、それとも自分が思っていることを正直に言っているのか。簡単に言うと「コーヒーを飲みに行こう。もうコーヒーを飲んだ?」と聞かれた時に、「コーヒーを飲んだ」と言ったら誘われないなと思って「飲んでいない」と答える。これは戦略的な発言だよね。しかし、そういう時には「コーヒーは飲んだけれども、君と一緒だったらもう一回飲みに行きたい」と言えばいいわけだよね。

生徒一同　なるほどー。

佐藤　嘘をつかず、戦略的な発言をしなくても、ちゃんと自分の意志を実現させることはできるわけだ。

　政治家や官僚というのは、日常的にポジショントークで戦略的発言をせざるをえない仕事です。ところが大学時代や高校時代の同級生、友達、あるいはその延長線上の高校中学の先輩後輩と接した場合には、戦略的発言を抑えて、自分が本当に思っていることと近い話をしてくれるわけ。これは、なかなか大人になると聞けない。だから、皆さんが先輩訪問をするのは意味のあることです。

生徒　でも、話者の誠実性を見抜くって実際はけっこう難しいと思うんです。特に対面して話すのではなく、テキストを読む時は大変です。その本がどれぐらい戦略的な意図で書かれたのか、それともわりと正直に書かれているのかを見抜くにはどうしたらいいのでしょう。

佐藤　それはね、三年ぐらいのスパンで一人の著者のものを継続して読んでいくと、戦略的に書いている人の場合、論旨にブレが出てくるから分かる。

有識者で、常に時の首相官邸や内閣の方針を褒《ほ》めるタイプの人っていうのが、論壇に四割から五割程度はいる。この人たちの言説が意外と世間に影響を与えてもいる。有識者と言われる人たちは、現実に影響を与えたいという思いが強すぎると、政治に過剰迎合《かじょうげいごう》するんだ。本当は政治家をバカにしているのだけれど、政治家の権力というのはやっぱりすごいものだからね。そうした迎合をする人かどうか、そこは続けて見ていると分かる。

それから、やっぱり長く読み継がれている本を書ける人というのは、ものごとに対峙《たいじ》する姿勢が崩れていないということだね。

海外の大学に進む人へ

生徒　最後に、先ほど自然科学系の勉強をするならアメリカの大学にメリットがあるとおっしゃっていましたが、そのメリットというのは何なのか教えていただけないですか。

佐藤　圧倒的にお金があるということ。

生徒一同　あ、あー。

佐藤　実験設備と世界中の優秀な人材は、お金のあるところに集まってきます。日本とはまったくレベルの違うインフラの上に乗っかって勉強することができるということです。理論物理学とか数学は別として、理科系の場合には基本的に設備がないところではできないからね。アメリカは特に産業と軍が連携して、軍産学が全部複合体になっちゃっているからなおさらだ。

生徒　じゃあ、理論物理学や数学を勉強したい場合は？

佐藤　その場合は、指導教授によるんじゃないかな。どの先生につきたいかっていうこと。理論物理や数学はどちらかというと、哲学とか論理学に近い世界があるでしょう？

生徒　はい。

佐藤　だから、工学部の数学と理学部の数学ってだいぶ違うよね。

生徒　え、そうなんですか？

佐藤　子どものころから公文式《くもんしき》みたいなのに慣れていて、計算が速いから数学ができると思って理学部の数学科に行くと、だいたいひどい目に遭うよ。

生徒　あぁー。
別の生徒　やばい……。
佐藤　東大でいえば理Iに入学することはできるよ。そのあと駒場で一年か二年やってるうちに、「理学部の数学科って俺が行くところじゃないな」という認識を持てれば、工学部に行くとか経済数学の方向に行くとか別の選択肢を考えられて、まだ傷は浅いよね。
　でも、理学部数学科に行くんだと思い込んで、本当にそこへ進んでから天才的なクラスメートに出会って、「俺、もしかしたら数学の適性がないかもしれない……」と悟った場合は本当の悲劇。理論物理学もちょっとそれに近いところがある。生まれつき備わった適性や能力が重視されるという点では、東京芸大や日体大に近いところがあるからね。
生徒一同　日体大……。
佐藤　しかも、そういう学科の先生たちは、資質のある生徒をすごく贔屓《ひいき》して育てようとする。そりゃあ、自分が先生に選ばれて贔屓される側だったらいいよ。でも、同じクラスにいるのに、「なんで自分はこんなに邪険《じゃけん》にされるんだろう」と思う側になったら、大学みたいに狭い世界ではなかなか研究のモチベーションを維持できないよ。

あのね、京都大学に西田幾多郎《にしだきたろう》っていう有名な哲学者がいたでしょう?

生徒　はい、『善の研究』の。

佐藤　西田幾多郎はもともと西洋哲学が専門で、自分が担当していた哲学の第一講座の後継者に、一度は山内得立《やまうちとくりゅう》という人を指名したんだけれど、そのあと東京帝大哲学科を出て、東北帝大理学部講師をつとめていた田辺元《たなべはじめ》という大変優れた若手学者がいると知って、田辺元を引き抜くんですよ。山内先生は行く場がないから、「お前は東洋哲学の主任教授をやれ」と言われて、東洋哲学に移される。そして、そこの本棚にあると思うけど、『随眠《ずいめん》の哲学』というものすごくユニークな本を書きました。

随眠というのは〈末那識《まなしき》〉。仏教用語で、人間が深層心理から認識を引っ張り出すとき自分の都合のいい形に歪《ゆが》めてしまう性向のことを言います。山内先生の教室から生まれた弟子には梅原猛《うめはらたけし》さん、トマス・アクィナス研究家の山田晶《やまだあきら》さんがいる。田辺元の教室がピンを落としても聞こえるような張り詰めた雰囲気だったのに対して、山内得立の教室は、どこの温泉まんじゅうがうまいかとかそういう話をしていて、学生たちは半分バカにしていたというんだけれども、よく放り投げないで研究を続けたと思うな。すごく頭のいい人で、この『随眠の哲学』はオリジナリティがあります。ところが、弟子を育てるということを熱心にやらなかったから学派として成立しなかった。弟子がいないと、その教えは一代限りで終わりになっちゃう。学問の世界には時々そういう人がいます。

そういった意味で、やはり学派というのは強いんだよね。ウィトゲンシュタインなんてものすごく変わった人だけど、学派を作る力はあった。特にアメリカやイギリスでは学派の力が強い。その学派のコミュニティの中に一回入ると、さまざまな独自情報のやり取りがある。

そのコミュニティにズルっこく入っていくと、小保方晴子《おぼかたはるこ》さんみたいになるわけだよね（一同笑）。私は小保方さんのことは錬金術師《れんきんじゅつし》だと考えればいいと思っています。ニュートンだって錬金術を信じていたわけだし、錬金術師の周辺というのは磁場が変わるからね。そうすると、その中からいろんな面白いものが生まれてくるってこともあるんだよ。

話が脱線したけど、理科系でアメリカへ行くことのメリットは、あの国の大学や研究機関にはとっても金があるということ。それに日本人の場合は比較的参入しやすいこと。どうしてだと思う？

生徒　日本人特有のメンタリティが……。

佐藤　そういうことじゃなくて、もっと現実的な話。皆さんの受けている高校教育がけっこういいからだよ。アメリカの大学入試問題を見たことあるでしょう。どう？

生徒　ああ、確かにひどいですね。

佐藤　びっくりするでしょう？　君らが受けてきた高校入試のほうが明らかに難しいでしょう？

生徒　そうですね。

佐藤　裏返して考えると、あのレベルの学生たちが、六年後には日本の大学を卒業している人間が及ばないほどの知識と学力を備えるわけだよね。

生徒　そうか……。

別の生徒　すごい。

佐藤　そう考えた場合、やっぱりアメリカの教育の強さはある。ただし、いいことばかりじゃない。一番大事で気をつけなきゃいけないのは、メンタル面での健康。外国へ出るとメンタルがすごくきつくなるんだ。文化の違いもあるし、アメリカなんかへ行くと意地の悪いやつも多いからね。胃潰瘍《いかいよう》になるぐらいのことはよくあるし、日本に帰りたくなることもある。

そういった時はすぐに決断しないで、友達や先生と相談してみて。それで、これはいよいよアイデンティティの危機だなと思った時に、どうやって乗り切るか、そのノウハウというものを身に付けるいいチャンスにしてほしい。そうして鍛えたメンタルは皆さんの人生で必ず役に立つ。がんばってください。

生徒　ありがとうございました！

生徒の御礼状より

ご講義では、エリート的な教養とはなにかという話を中心に伺いました。反知性主義にとらわれないとは、言説を上から俯瞰《ふかん》することであるとのメッセージは、とりわけ胸に響くものがありました。

国際情勢分析やインテリジェンスのお話は、その関係性すら想定もしなかったような裏側での繋《つな》がりや、高度に理知的で納得させられるような分析や論理展開をお聞かせ頂き、非常に興味深く感じました。集団的自衛権とホルムズ海峡に関する誤解やイエメンと中東の核危機などは、まさにインテリジェンスの極意というものを感じました。密約を除いては、全《すべ》てが公的で入手可能な情報です。重要なのは、必要な情報を選び抜き、それを秩序付けて行く論理の力であると強く感じさせられました。

佐藤先生の本棚も少し見せて頂いたのですが、圧倒的な専門性と蔵書量に驚嘆の念を禁じ得ませんでした。知の原点は書にあると改めて痛感しました。

二年　O・Sくん

あとがき

日本語で、エリートという言葉には、何となく、嫌な響きがある。辞書を引くと、〈選り抜きの人々。すぐれた資質や技能をもち、社会や組織の指導的地位にある階層・人々。選良〉(『広辞苑』)〈特にすぐれているとして選ばれた者。選良〉(『新潮現代国語辞典』)と説明されている。この説明自体には、否定的なニュアンスはない。

私はロシアに行って、エリートも庶民も、マスメディア関係者も、中立的な意味でエリートという言葉を日常的に用いるのを目《ま》の当たりにして驚いた。人間は群れを作る動物で、群れを作る動物には指導的部分、すなわちエリートがいるのは当然というのがロシア人の常識だ。また、政治エリート、経済エリート、軍事エリート、学術エリート、芸術エリート、スポーツ・エリートなどは、それぞれ別の才能を持っているので、どのエリートがいちばん偉いかという発想がロシア人には稀薄《きはく》だ。それだから、日本型のお受験や学習塾、予備校などはなく、勉強が好きな生徒が大学に進学すればいいと淡々と考えている。

私は1992年から95年にかけてモスクワ国立大学哲学部宗教史宗教哲学科の非常勤講師をつとめ、1910年代から30年代のドイツ、スイス、チェコのプロテスタント神学について教鞭《きょうべん》を執った。ロシアの大学は5年制だ。大学を卒業するためには、日本の修士論文レベルの論文を3本準備しなくてはならない。また、モスクワ大学の場合、入試で文科系でも数学、物理、化学は必修で、理科系でも歴史、地理、文学が必修である。それだから、日本の大学と比較して、文系、理系のバランスがとれた教育がなされている。モスクワ大学に入学することは東大以上に難しい。この大学を卒業すれば、アカデミズムや教育の世界では、エリートとして認知されるが、しかし、政治や経済の世界では、モスクワ大学卒業という学歴は、ほとんど意味を持たない。

これに対して、日本語の日常的な用法で、「あいつはエリートだからな」、「エリート意識が強い人だ」というときは、間違いなく、否定的なニュアンスがある。さらにエリートと学歴（正確にはどのレベルの偏差値の大学に入学できたかという入学歴）が、ほぼ一体視されている。それゆえにさまざまな悲喜劇が起きている。

いわゆる学歴エリートになってしまった人は、社会で自らがエリートであるということを上手に隠さないと、周囲の嫉妬《しっと》によって潰《つぶ》されてしまうリスクがある。このあたりの事情については、山内昌之《やまうちまさゆき》氏（東京大学名誉教授）が、歴史から見事に読み解いている。

〈嫉妬を避けるのに便法はない。あまり人の嫉妬を意識しすぎると、おのずから生き方も退嬰《たいえい》的になってしまう。思わず知らず、事なかれ主義となり、活力も奪われてしまうのだ。

大事なことは、人を言葉で刺激しないことである。いつも無口で不快な奴《やつ》だと思われても、人のねたみを受けないためには、思った感想や考えをすぐ口に出さないことである。「沈黙は金なり」とはやはり至言なのだ。前五世紀のアテネ民主政の指導者ペリクレスは、民衆の癇《かん》に触りそうな発言や、自分が嫌味な奴だと思われる言葉が口から出ないように神に祈っていたといわれる〉（山内昌之『嫉妬の世界史』新潮新書、2004年、184頁）

私は、1995年3月に7年8カ月のモスクワでの勤務を終えて、東京の外務本省国際情報局で勤務するようになった。1996年から2002年までは、秋学期に東京大学教養学部後期教養課程で、民族・エスニシティー理論に関する講義を行った。後期教養課程は、駒場の前期教養課程の1、2年次の成績が特によい東京大学の超エリートの集まる課程だ。学生たちは、選りすぐりで、確かに優秀だった。しかし、モスクワ大学の学生たちが、エリートであるという意識を素直に示して、勉学に励むとともにノブレス・オブリージュ（高貴なる者にともなう義務感）を身に付けようとしていたのに対し、成績の特に優秀な東大生たちは、周囲の嫉妬を買わないように細心の配慮をしていた。もちろん、東大の学生にも卒業生にも尊大な人はいる。そういう人は、大学でも職場でも劣位集団であるが故《ゆえ》に大学のブランドにアイデンティティを求める哀れな人だ。

山内氏によれば、嫉妬をうまくかわしたエリートは、旧陸軍の杉山元元帥《すぎやまはじめげんすい》だという。〈自分の本当の力や真意を外に出すと必ず嫉妬の視線にさらされる。戦前の日本陸軍で、一貫して出世コースを歩んだ人間の一人に杉山元がいる。

杉山元帥は、能力を決して表に出そうとしなかった。同僚や部下の青年将校から、「ボケ元」や「グズ元」のあだ名が奉《たてまつ》られたほどだ。終戦直後に夫妻で自決する時もグズグズしていたので、杉山元・元・元帥は、凛《りん》とした夫人に「あなた、お覚悟を！」と迫られたらしい。

また、「ドア」というあだ名もあった。強く押すと開く。部下が強硬に迫れば要求が通るからである。ひどいのは、「便所の戸」という言い方もあったらしい。陸軍兵舎の大便所は、内と外の両側へ開くようになっていたようだ。向こうから押せばこちらがわに、こちらから押せば向こうがわに開く。つまり定見がなかったと言うのだろう。

陸軍には杉山を警戒する人間は少なかった。一九三八（昭和十三）年の近衛文麿《このえふみまろ》による内閣改造で陸軍大臣を追われたのは、もともと日中戦争の拡大に反対だったのに、陸軍の大勢に押されて主体性を欠いた定見の無さを近衛が嫌ったからだといわれる。

しかし「ボケ元」はそれほど単純な男ではない。自分を陸相から罷免《ひめん》せんとする近衛らの策謀を、ちゃんと知っていたからだ。近衛の真意を読み空とぼけながら政治状況に対応していったあたりに、杉山の凄《すご》みがあるのである。端倪《たんげい》すべからざる能吏なのだ。もっとも、軍の権力者がこの程度の保身術で昭和の激動期を生き抜けたのだから、日本がダメになったともいえよう。

日本の社会では、すぐ圭角《けいかく》や感情を表に出す人物は絶対に出世できない。杉山の茫《ぼう》洋《よう》とした態度は、すべて緻密《ちみつ》な計算の上になりたつ保身術からきていた。それでいて、勝負に出るときは度胸もあった。杉山は、石原莞爾《いしはらかんじ》を中央から追放し復活させなかった立役者のひとりである。

杉山のように、粘り強くハラを見せない人間は、現代のわれわれの周りにも必ずいるにちがいない。彼はなんと、陸軍大臣・参謀総長・教育総監という陸軍三長官職をすべて経験した稀有《けう》な存在である。石原は三つのどれ一つとして経験せず、東条（引用者注：英機）でさえ教育総監をしていない。それでいて杉山は、どうやら目立った嫉妬や反感を受けた様子は見当たらない〉（前掲書、186〜188頁）

杉山元の生き方は、ずるいように見える。「これからのエリートは、国際基準に従って、もっと自分の主張を堂々とすべきだ」と主張する人もいる。しかし、私はそのような見解には与《くみ》しない。どのエリートも自らが生まれ育った国家と民族の文化から離れて生きていくことはできない。エリートは、自分を拘束している文化を理解し、それに適応した行動をするときに、初めて現実に影響を与えることができる。杉山のような生き方をしないと、日本では現実に影響を与えることが出来ないのである。このあたりの知恵を、私と対話した灘高生たちは既に備えていた。同時に、信頼関係が十分に確立されている身内の中では、灘高生たちは、思いっきり背伸びをして、よく読み、よく議論し、よく考える。私に対しても、臆《おく》せずに自分の意見を積極的に述べる。「佐藤さんの言っていることは、矛盾しているのではないか」と論戦を挑んでくる生徒もいた。本書を読んでいただいた皆さんには、よく理解していただけたと思うが、ここでは真剣な議論の応酬がなされている。

エリート中学生・高校生を対象とした作品に、加藤陽子《かとうようこ》氏（東京大学大学院教授）

が、栄光学園の中学1年生から高校2年生までの生徒を対象に行った特別講義をベースに編集した名著『それでも、日本人は「戦争」を選んだ』(朝日出版社/新潮文庫)がある。ここでは、大学レベル(部分的には大学院レベル)の内容が含まれている。加藤氏は、一方的に情報を提供し、自らが正しいと考える結論に生徒を誘導するのではなく、なぜ当時の日本人が、あの無謀な戦争を選択したかについて、いくつかの方向性を示した上で、生徒たちに思考実験を行わせている。その点で、『それでも、日本人は「戦争」を選んだ』は、理解力が高い生徒を対象に、どのような教育を行うことが効果があるかという教育方法論の書である。

本書の基本的な狙《ねら》いも一緒だ。ただし、方法はほぼ正反対と言っていい。事前に灘高生は、私の著作を徹底的に読み込んで、そこから質問や意見を述べるという、大学でいえば講義ではなくゼミナール方式を取っている。それ故《ゆえ》に、生徒たちの問題意識が浮き彫りになっている。将来、日本を支えていくことになるエリートの予備軍が、考えていることについて知ることができる書籍は少ない。その意味でも本書を上梓《じょうし》した意味があると思う。

灘高生たちとの出会い、対話を通じて私は、「日本と日本人は大丈夫だ。国際社会の荒波の中で生き残っていくことができる」という確信を持った。あとがきの冒頭でも言及したが、日本語でエリートというと、ちょっと嫌な響きがある。しかし、人間は群れを作る動物なので、群れの中には必ず指導的な人々、すなわちエリートがいる。ロシアやドイツで「魚は頭から腐る」という諺《ことわざ》がある。ある社会が崩壊する場合、まずエリート層が腐敗していくということだ。

確かに現下日本の政治エリートや幹部官僚を見ていると、日本は「頭から腐っている」ように見える。しかし、本書に登場している灘高生をはじめ、若い世代のエリートには、能力的にも人格的にも優れた人が多い。現在、56歳の私は、現下の国会や官庁の腐りかけているエリートとは、同世代か少し若い世代に属する。今回、話をした灘高生たちとは、親子くらい年齢が離れている。私の責務は、腐敗しかけている狼《おおかみ》のような現在のエリートが、若い世代のエリートを殺してしまわないように、さまざまな防衛策を講じることだと思っている。

若い世代のエリートがきちんと活躍できるような環境が整うことによって、日本社会が強くなる。この灘高生たちは、10年後には世界と日本の第一線で活躍している。この人たちは、日本国民の幸福を増進するための努力を惜しまない社会人になると私は確信している。

本書を上梓するにあたって、まず、私を訪ねてくださった灘高生たち、引率の宮田幸一良先生並びに灘中学校・灘高等学校の和田孫博校長、大森秀治教頭、大西衡教頭に深く感謝を申し上げます。新潮社の高澤恒夫さん、小林由紀さん、原宏介さんの御尽力なくして、本書が陽の目を見ることはありませんでした。どうもありがとうございます。

2016年4月26日　曙橋（東京都新宿区）にて

佐藤　優

本書に登場した書籍一覧＋α

真のエリートになるために

竹中平蔵／佐藤優『国が亡びるということ——本当のことを語っているのは誰か』中央公論新社　２０１２年
廣松渉『新哲学入門』岩波新書　１９８８年
廣松渉『哲学入門一歩前—モノからコトへ』講談社現代新書　１９８８年
ニクラス・ルーマン（大庭健／正村俊之訳）『信頼—社会的な複雑性の縮減メカニズム』勁草書房　１９９０年
ユルゲン・ハバーマス（細谷貞雄訳）『晩期資本主義における正統化の諸問題』岩波現代選書　１９７９年
堀越宏一『世界史リブレット　中世ヨーロッパの農村世界』山川出版社　１９９７年
ホルクハイマー／アドルノ（徳永恂訳）『啓蒙の弁証法—哲学的断想』岩波文庫　２００７年
マックス・シュティルナー（片岡啓治訳）『唯一者とその所有』上下　現代思潮新社　古典文庫　２０１３年
ロバート・N・プロクター（宮崎尊訳）『健康帝国ナチス』草思社文庫　２０１５年
岡田尊司『マインド・コントロール』文藝春秋／文藝春秋増補改訂版　２０１２年／２０１６年
佐藤優『自壊する帝国』新潮文庫　２００８年

〈読めばさらに力がつく書籍〉
芳沢光雄『論理的に考え、書く力』光文社新書　２０１３年
澤田昭夫『論文の書き方』講談社学術文庫　１９７７年
C・W・ミルズ（鵜飼信成／綿貫譲治訳）『パワー・エリート』上下　東京大学出版会　１９６９年
遠藤周作『ぐうたら人間学—狐狸庵閑話』講談社文庫　１９７６年

戦争はいつ起きるのか

佐藤優『日米開戦の真実―大川周明著「米英東亜侵略史」を読み解く』小学館文庫　２０１１年
Michael Riley, Jamie Byrom, Christopher Culpin, *The Impact of Empire*, Hodder Education 2008
佐藤優『日本国家の神髄―禁書「国体の本義」を読み解く』扶桑社新書　２０１４年
野矢茂樹『論理学』東京大学出版会　１９９４年
野矢茂樹『論理トレーニング１０１題』産業図書　２００１年
與那覇潤『中国化する日本―日中「文明の衝突」一千年史』文藝春秋／文春文庫　２０１１年／２０１４年
與那覇潤『翻訳の政治学―近代東アジア世界の形成と日琉関係の変容』岩波書店　２００９年
奥平康弘／木村草太『未完の憲法』潮出版社　２０１４年
伊東寛『「第５の戦場」サイバー戦の脅威』祥伝社新書　２０１２年
斎藤環『ヤンキー化する日本』角川ｏｎｅテーマ21　２０１４年
エマニュエル・トッド（石崎晴己訳）『帝国以後―アメリカ・システムの崩壊』藤原書店　２００３年

〈読めばさらに力がつく書籍〉

伊藤憲一『新・戦争論―積極的平和主義への提言』新潮新書　２００７年
防衛大学校・防衛学研究会編『軍事学入門』かや書房　２０１２年
池上彰／佐藤優『新・戦争論―僕らのインテリジェンスの磨き方』文春新書　２０１４年
遠藤周作『海と毒薬』新潮文庫　１９６０年
加藤陽子『それでも、日本人は「戦争」を選んだ』朝日出版社／新潮文庫　２００９年／２０１６年

僕たちはナショナリズムから逃れられない

佐藤優『甦るロシア帝国』文春文庫　２０１２年

ホルクハイマー／アドルノ（徳永恂訳）『啓蒙の弁証法―哲学的断想』岩波文庫　2007年
百田尚樹『殉愛』幻冬舎　2014年
角岡伸彦／西岡研介／家鋪渡／宝島「殉愛騒動」取材班『百田尚樹「殉愛」の真実』宝島社　2015年
角岡伸彦『ゆめいらんかね　やしきたかじん伝』小学館／小学館文庫　2014年／2017年
樋口直人『日本型排外主義』名古屋大学出版会　2014年
安田浩一『ネットと愛国―在特会の「闇」を追いかけて』講談社　2012年
浅田彰『構造と力―記号論を超えて』勁草書房　1983年
浅田彰『逃走論―スキゾ・キッズの冒険』ちくま文庫　1986年
中田考『イスラーム法の存立構造―ハンバリー派フィクフ神事編』ナカニシヤ出版　2003年
山口真由『東大首席弁護士が教える　超速「7回読み」勉強法』PHP研究所／PHP文庫（改題）2014年／2017年
山口真由『誰でもできるストーリー式記憶法』角川書店　2014年
佐藤優『私が最も尊敬する外交官―ナチス・ドイツの崩壊を目撃した吉野文六』講談社　2014年
山崎豊子『運命の人』1～4　文春文庫　2010～11年
マックス・ヴェーバー（脇圭平訳）『職業としての政治』岩波文庫　1980年
山内得立『随眠の哲学』岩波オンデマンドブックス　2014年

〈読めばさらに力がつく書籍〉
山内昌之『民族と国家―イスラム史の視角から』岩波新書　1993年
アーネスト・ゲルナー（加藤節監訳）『民族とナショナリズム』岩波書店　2000年
ベネディクト・アンダーソン（白石隆／白石さや訳）『定本　想像の共同体―ナショナリズムの起源と流行』書籍工房早山　2007年

アントニー・D・スミス（巣山靖司他訳）『ネイションとエスニシティ―歴史社会学的考察』名古屋大学出版会　1999年
松島泰勝『実現可能な五つの方法　琉球独立宣言』講談社文庫　2015年

本書に採録された講義は、私立灘高等学校生徒会の主催する先輩訪問行事の一環として、2013年、2014年、2015年の各四月に佐藤優氏の仕事場にて行われました。

本文中の事象の描写や、人物の肩書は当時のままとしました。

[対談]いつか、この国を支える君たちへ

加藤陽子
佐藤優

加藤　この講義は灘《なだ》高生からのアプローチで実現したものだそうですね。

佐藤　そうです。三年前に新潮社を通じて彼らから連絡がありました。灘高には社会で活躍するOBを訪問する行事があって、私は灘高OBではないんだけれども、その一環で話を聞きに行きたいと。

加藤　私も栄光学園の中高生たちへの講義を『それでも、日本人は「戦争」を選んだ』という本にまとめたこともあって、たいへん興味深く拝読しました。高校生への講義には特別な面白さがあります。やはり、彼らが人生の大きな選択をする前の非常に緊張感を持った年頃だということと、生まれ育った地域や文化圏を離れる前の状況だというところに、その醍醐味《だいごみ》があるのではないでしょうか。

佐藤　同感です。専門の領域を選択する前であることは重要ですね。それに、この生

徒たちは偏差値で言えば日本の上位〇・一パーセントに入る超エリート高校生です。自分の理解力や情報処理能力が月並みの大人以上だとよく心得ている。ただし、洞察力や人生経験に基づいた判断力が弱いことにも気づいているので、わざわざ春休みに新幹線に乗ってOBの話を聞きに来たりするわけです。

加藤　そういう高校生が佐藤さんを「選んだ」理由に興味をそそられます。

佐藤　彼らは狭い世界で同質化することを恐れているように見えました。だから灘の先輩にはいないような、異質な人間に触れなくてはならないという強迫観念があるように思えました。もしかすると私が逮捕されていることが関係しているのではないでしょうか（笑）。

エリートたちの不安と選択

加藤　ますます面白い。この本では政治・経済・思想・国際関係から大学選びのアドバイス、読書のしかた、人間関係の注意点に到るまで、灘高生の求めに応じて佐藤さんがお話しになっていますが、私は生徒たちの発した質問に注目して読んでみたんです。すると彼らが〈大きいと小さい〉とか〈複雑と単純〉といった、二つの事柄の連関を捕まえたいんだということがわかりました。たとえば。

佐藤さんの本を何冊か読ませて頂いて、すごく興味を持ったのが、今、世界が帝国主義化しているということでした。そんな帝国主義化が進んでいく世界で、僕たちは大学でどんなことを学んでいけばいいのか、どういう知識や能力を獲得していけばいいのだろうかということをお聞きしたいです。（本書二二頁）

世界の帝国主義化という大きな話から一転、自分たちの将来の選択に焦点を当てる。また、政治家の人間性が政治にどのくらい影響を及ぼすのかという、人間性と政治を結び付けた質問もありました。こうした発想というのはトップ〇・一パーセントの生徒たちならではなんでしょうか？

佐藤　他の高校生のことはよく分かりませんが、彼らと話しているとモスクワ大学の学生たちとの共通性を感じましたね。自分自身の選択と大きな物事は、どこかで関係していると捉《とら》えている。

加藤　なるほど。それと関係するのかもしれませんが、灘高生たちはヒューミント（人間関係から得る情報による分析手法）がなくてもオシント（公開情報による分析手法）だけで世界のリーダーの思考を分析できないかとも聞いていました。「できる」

という答えを期待しながら訊《き》いた高校生に対し、佐藤さんはこう答えていらした。

佐藤　というか、オシントから真実の姿をつかむためには実体験も必要になってくる。たとえば、政治エリートはこういう思考をするだろう、ロシア人はこういうことを考えるだろうという行動原理を知るためには、実際にその世界で仕事をした経験がないと難しい。

生徒　それは本とかを通じて得るのは無理なんですか？

佐藤　本を通じて得られることはもちろんあるし、その世界にいた人の話を聞いて分かることもあるよ。けれども、やはり限界がある。（同一二〇頁）

ここに私は彼らの不安を感じました。「『オシントだけで大丈夫。学問でロシアもアメリカも中国も理解できる』と佐藤さんに言ってほしい」という不安です。

佐藤　それは確かにあったと思います。しかし、こういうエリート予備軍がいるということは日本にとって決して悪いことではないのです。

加藤　そう思います。講義でもおっしゃっていましたね。日本ではエリートという言葉はあまりいい意味で使われないが、エリート層がきちんと生かされない社会は滅びる、と。

佐藤　ですが、実際のところ灘高の卒業生には、官僚になることができるのに官僚を選択していない人が結構多いんじゃないかという気がします。というのも、彼らは先が見えすぎてしまうので、東大文Ⅰから法学部に進んで三年生までに司法試験の予備試験に合格して法曹界に進む、もしくは高級官僚になるといったエリートの常道を歩むことへの抵抗感がある。学部時代に天文学や歴史や哲学を勉強してから法科大学院に入って法曹界に進むとか、理Ⅲから医学部に進んでも、ちょっと変わった感じの開業医になるとか、あえて一筋縄ではいかない選択をする人も多い。それは〈競争から降りる〉のとは違う。先が見えてしまう選択をしたくないのだと思います。

加藤　ああ、それで一つ謎《なぞ》が解けました。なぜ「イランとイラクの場所を正確に指し示せる国会議員は半分もいないよ」とか「選挙に出るならエリート高校の出身者より偏差値五〇台半ば以下の高校のほうが圧倒的に有利だ」と、なかば煽《あお》るようなことをおっしゃっていたのか。佐藤さんは日本国民として、彼らに今よりもっと積極的に国を背負う組織に入って活躍してほしいと考えているんですね。

佐藤　そうです。灘高生たちには「良民は官吏にならず」という思想がある。私はその殻を破ってほしいんです。

「佐藤さん、逃げてます？」

加藤　不安といえば、「ノブレス・オブリージュは自分たちに必要なのか。必要だとすると、それはなぜなのか」との質問がありました。でも、この時の返答が、私には「あれ、佐藤さん、ちょっと逃げてる？」と思えましてね（笑）。

……女性問題で転ばないでね（一同笑）。つまらない女性に入れ込んで、人生のエネルギーをほとんどそこに注《つ》ぎ込んじゃって、研究に手が付かなくなる研究者の卵とか、あるいは、いつの間にかストーカーみたいになっちゃって、取り返しのつかない人生を送る官僚とか、結構あるケースなんだから。ほかの人は誰も言わないと思うから私が言っておくけど、そこは気を付けてください。（同八五頁）

彼らは「君たちは選ばれた存在なのだから義務を負え」と言われることに強い恐怖を覚えていて、犠牲を求められても何をしたらいいかわからないと感じている。その恐怖に対し、なぜ佐藤さんは、ずらした答え方をしたのでしょう。

佐藤　私に言わせれば、彼らはすでにノブレス・オブリージュを持っているんですよ。

この質問をすること自体、そして私に会いに来るという合理的に考えれば無駄な事柄に時間を使うこと自体がその証《あか》しです。そこで私はこの質問を「今の僕たちに欠けているものは何でしょうか?」だと解釈し、あえて絶対に関心があるはずなのにそれまで一言も話題に出てこなかった異性の問題に振ったんです。そうしたら彼ら、顔が真っ赤になっちゃうんですよ(笑)。

加藤　なってましたか。

佐藤　なっちゃう。そこが一番弱いところだという感じで(笑)。

加藤　うーん。この佐藤さんの〈お兄ちゃん〉としての間合いの取り方は私には真似《まね》できないところです。

〈新しい物語〉の担《にな》い手として

佐藤　ところで、灘高生たちと話すことによって、日本の教育の矛盾は中学にあることがはっきりしました。今の日本の高校は中学のカリキュラムをやり直しているだけです。率直に言うと、ある程度の成績以上の生徒なら中学教育はスキップできる。事実、灘レベルの中高一貫校では、中学時から高校の教科書で学習させます。先生の母校である桜蔭《おういん》学園もそうだったんじゃないですか。

加藤　ええ、そうでした。
佐藤　それによって彼らは「一般の中学校の生徒たちは三年間まったく無駄に過ごしているんじゃないか。今のシステムに従っていてもロクなことにはならないぞ」と達観することになる。
加藤　たしかに私の周りにも「じゃあ余った数年間は映画だけ見て過ごそう」と考えるような人がたくさんいました。こうした中高一貫校の生徒たちを批判するのは簡単ですが、達観するがゆえに彼らが獲得できているものもあるはずで、それを社会にどう生かすかが重要です。そういう生徒がつぶされずに育つシステムがもっと地域や学校にあっていい。
佐藤　だから僕は途中から灘高生たちを応援したくなったんですよ。
加藤　「遠藤周作が自分を劣等生だと言ってるのはウソだぞ」とか「受験勉強は必ず役に立つからバカにしてはいけないぞ」と言うことで彼らを肯定し、背中を押してあげていましたね。
佐藤　彼らを肯定すると同時に、私がこの講義で本当に伝えたかったことは何だったかというと、〈新しい物語〉を作る努力をしてほしいということなんです。人間は本質的に物語を好む生き物ですが、かつてあった社会主義のような〈大きな物語〉がポストモダン以降に消滅し、ぽっかり空いた隙間《すきま》をグロテスクで反知性主義的な物語が埋め尽くそうとしています。だからちょっと危険な考えかもしれないけれど、彼らが一種の創作者になって、国と国民が共有できる新しい〈大きな物語〉を作ってほしいのです。

加藤　その物語の持つ虚構性もよく認識した上で、ということですね。

佐藤　そうです。その意味においては今のイギリスが格好の反面教師になります。党議拘束を掛けず、ポピュリズムに流されてしまったことで、イギリスでは本来起きないはずのEU離脱という選択が起きてしまった。スコットランドの独立を阻止するところまでは情報操作とエリート層の画策でうまくいったけれど、今回はそれが機能せず、イギリス政治はパニックを起こしています。では、イギリスのような状況を作らないためには何をすればいいか。やはり国民が共有できる物語が必要になってくる。それは安倍首相の唱える一君万民論のような完全に消費し尽され、話している本人すらどれくらい信じているのかわからない、そういう古い物語では決してないのです。

〈人間対人間〉だから伝えられること

佐藤　また今の地政学ブームの中で私は、地政学の本を書いたり、発言したりしていますが、それは地政学の論理構成を理解し、さっさと脱構築を図らなければならないと思っているからです。あれはナチスのイデオロギーですから。

加藤　日本人を戦争に導いた思想家・大川周明の言説や文部省のイデオロギー文書「国体の本義」を読み解く本を出されたのも、脱構築を促すためですね。

佐藤　おっしゃる通りです。ソ連崩壊に際してロシア人エリートが依拠した論理は啓《けい》蒙《もう》の思想であり疎《そ》外《がい》論《ろん》でした。そしてバルト三国のエリートたちが依拠した論理はナショナリズムでした。しかし双方とも自分たちが依拠した論理がインチキだと分かった上でそこに乗っかっていた。逆に言うと、インチキだと分かっているから歩《ぶ》留《ど》まりがある。

加藤　民族のナショナリズムはエリートによって人為的に作られるものである、という説が講義に出てきました。であるならば、そのことを認識している国が操作すれば一定の制御が可能だけれども、日本はそれを観念や情緒でやってしまおうとするから制御不能に陥る可能性が高いということになる。佐藤さんにもそれを懸《け》念《ねん》するお気持ちがあって……。

佐藤　その気持ちは非常に強いです。

加藤　情緒的なナショナリズムというのは、まさに反知性主義につながります。反知性主義にはどう対応すればいいのか。灘高生たちは講義の中で繰り返し佐藤さんに尋ねていました。

佐藤　この問題は彼らにとって非常に切実なんですよ。一番大きな不安材料かもしれない。自分たちが大人になった時、反知性主義が「理屈じゃない。とにかくムカつくんだ」といった感じでこちらに向かってくる気配を確かに感じているんです。

加藤　そこで佐藤さんの出した喩《たと》え話がすごく面白かったんですが。

たとえば、中学校を卒業したかどうかも分からないようなチンピラに、西宮あたりの駅前でからまれて、ナイフを突きつけられたらどうするかと考えてみる。筋を通して理路整然と話をして解決するのか、有り金を渡して逃げちまったほうがいいのか、あるいはいきなり「先輩みたいな人が好きなんです！」と抱きついて、訳からない感じで丸め込むのがいいのか（笑）。いろんなやり方がある。

（同一五五～一五六頁）

最後のやり方は絶対にエリートには思いつかない（笑）。

佐藤　これ、実は元ネタがあるんです。鈴木宗男さんが初めて選挙に立った時、車から降りて鈴木さんに近づいてきて、いきなりビンタを張った人がいた。すると鈴木さんはその人の手をグッと握って目を見つめ、「鈴木宗男です」。

加藤　すごい……。

佐藤　横にいた松山千春さんは「腰が抜けた」と言っていました（笑）。不良に抱きついてっていうのはその時の鈴木さんのイメージなんですよ。

加藤　相手の呼吸に飲まれないようにするというのは、エリートの一番苦手とするところですものね。佐藤さんが安倍首相を例に挙げて、「反知性主義は決断主義だ」と言い換えていらしたのが印象的でした。安倍さんはよく「絶対に」「確実に」と言いますが、スタンフォード大学のエイモス・トヴェルスキー教授は「確実に」と言われた時に人間の選択がどうずれるかを研究しました。「確実に」と言われた時に人は騙《だま》されるんです。ですから、そこで騙されない、決断主義をステキだと思わないための方策を考えることはすごく重要だと思います。

佐藤　そこで必要なのが文学的なセンスを持つことですね。

加藤　じつに大切です。「小説を通じて代理経験を積んでおきなさい」と何度も強調されていましたね。ヒューミントが苦手で、オシントのみで世界を知りたいと思う高校生にとって、違う人生になりきってみる経験は不可欠です。

佐藤　たとえば一生懸命勉強して外務省に入ったとしても、御殿女中のイジメみたいな理不尽極まりない話がいっぱい待っている。でも、そんな状況をあらかじめ小説で読んでおいたり、私から聞いていれば、対処のしようがあります。

加藤　人間対人間のコミュニケーションでしか伝えられない知識を、エリート高校生たちに伝える空間となったこの講義には大きな意義がありますね。また、こうしたところから反知性主義に対抗する有効な手段も生まれるのだと思います。

（かとう・ようこ　東京大学大学院教授）

（さとう・まさる　作家、元外務省主任分析官）

（「波」二〇一六年八月号より再録）

この作品は平成二十八年七月新潮社より刊行された。

君《きみ》たちが知《し》っておくべきこと
—未来のエリートとの対話—

新潮文庫　さ-62-61

令和元年六月一日発行

著者　佐《さ》藤《とう》優《まさる》

発行者　佐藤隆信

発行所　株式会社　新潮社

郵便番号　一六二―八七一一
東京都新宿区矢来町七一
電話　編集部（〇三）三二六六―五四四〇
　　　読者係（〇三）三二六六―五一一一
https://www.shinchosha.co.jp

価格はカバーに表示してあります。

乱丁・落丁本は、ご面倒ですが小社読者係宛ご送付ください。送料小社負担にてお取替えいたします。

印刷・錦明印刷株式会社　製本・錦明印刷株式会社

ISBN978-4-10-133181-2 C0195